Eva Terhorst

Das erste Trauerjahr

Eva Terhorst

Das erste Trauerjahr

Was kommt, was hilft, worauf Sie setzen können

KREUZ

© privat

EVA TERHORST
war PR-Beraterin und wurde Trauerbegleiterin, nachdem sie zum zweiten Mal einen geliebten Menschen verlor. Sie lebt und arbeitet in Berlin.
Mehr Informationen:
www.trauerbegleiter.org

FSC
www.fsc.org
MIX
Papier aus verantwortungsvollen Quellen
FSC® C083411

www.kreuz-verlag.de

Umschlaggestaltung: Sabine Kwauka
Umschlagfoto: © shutterstock
Autorenfoto: © privat

Satz: de·te·pe, Aalen
Herstellung: CPI books GmbH, Leck

Printed in Germany

ISBN 978-3-451-61368-5

Inhalt

Einleitung

Stirbt ein geliebter Mensch, trifft dies nahe Hinterbliebene mit unvorstellbarer Wucht. Das erste Trauerjahr ist für sie eine unendlich schmerzhafte Zeit. Mit diesem Buch möchte ich Betroffenen dabei helfen, das erste Trauerjahr zu verstehen und zu überstehen. Geduldig und einfühlsam mit sich selbst und dem überforderten Umfeld sein zu können und zu erfahren, dass das, was sie gerade durchmachen, viele erleben. Nichts wird den geliebten Menschen zurückbringen. Die Lücke wird immer klaffen, aber es gibt Erklärungen, die ein Verständnis für die eigene Situation und das eigene Handeln vermitteln. Kleine Schritte können dazu beitragen, wieder etwas mehr Boden unter die Füße zu bekommen; deshalb biete ich einen Wegweiser für die ersten zwölf Monate an.

Für Betroffene: Es ist Ihr erstes Trauerjahr, wahrscheinlich das erste Mal, dass Sie eine Ihnen sehr nahe stehende, geliebte Person verlieren. Sie suchen nach Orientierung und möchten wissen, was auf Sie zukommt und wie Sie damit umgehen können. Ich führe Sie durch die wichtigsten Stationen und Aspekte, in denen Sie sich bereits befinden, die auf Sie zukommen und die Sie beeinflussen können. Der sichere, bekannte Boden, auf dem Sie bisher gewandelt sind, fühlt sich plötzlich wackelig an und es ist nicht klar, wohin Sie Ihr Weg in den nächsten Tagen, Wochen und Monaten führen wird. Oft mögen Sie den Eindruck haben, dass sich nichts bewegt und alles stillsteht. Beim Lesen dieses Buches können Sie sich selbst in dieser Ausnahmesituation besser verstehen lernen und begreifen, was für eine ungeheure Leistung Sie vollbringen. Diese Erkenntnis soll dazu beitragen, dass Sie sich nicht selbst unter Druck setzen, diesen Schicksalsschlag so schnell wie möglich zu verdauen, sondern Ihre Gestaltungsmöglichkeiten wahrnehmen und Geduld mit sich haben. Auch die Sorgen, Reaktionen und die Hilflosigkeit Ihres Umfeldes über die Länge und die Art Ihrer Trauer soll Sie durch dieses Wissen nicht mehr so leicht verunsichern.

Für Angehörige und Freunde: Vielleicht trauert jemand in Ihrem Umfeld und Sie merken, Sie kennen sich nicht genügend aus und möchten helfen, wissen aber nicht, wie. Sie möchten dieses Buch der trauernden Person schenken. Ich schlage vor, Sie lesen das Buch auch selbst. Denn auch Ihnen wird es helfen, besser zu verstehen, was in jemandem, der trauert, vor sich geht. So können Sie besser einschätzen, wann Ihre Unterstützung auf welche Art benötigt wird und wann Sie sich besser zurückhalten, ohne sich zurückzuziehen. Wenn Sie sich sicherer mit dem Thema Trauer fühlen, wirkt das auch positiv auf die trauernde Person, die Sie begleiten möchten.

Trauer ist nicht gleich Trauer, denn viele Faktoren bestimmen die Art und Länge unseres individuellen Trauerweges. Die wichtigsten dieser Einflüsse werde ich in diesem Buch beleuchten, damit Trauernde besser verstehen, was sie bewegt und was sie durchleben. Wenn ein geliebter Mensch von uns geht, ist diese Erfahrung für uns oft das erste Mal und nicht zu vergleichen mit früheren Verlusten. Wir können also kaum selbst wissen, was wir brauchen, denn wir kennen uns damit noch gar nicht aus. Gefragt von besorgten Freunden und Verwandten, ist es uns meistens selbst auch nicht möglich zu formulieren, was benötigt wird, denn wir wissen es einfach (noch) nicht.

Sehr schwer trifft es Menschen, wenn sie den Partner oder das eigene Kind verlieren. Die Todesumstände sind ebenfalls ausschlaggebend dafür, wie intensiv die Trauer Zugriff auf unsere Gefühle hat. War der Tod durch eine tödliche Krankheit oder fortgeschrittenes Alter absehbar oder ist er plötzlich eingetreten? Konnten wir uns verabschieden oder waren noch Unstimmigkeiten zu klären? Hatte der Verstorbene ein erfülltes Leben oder ist er viel zu früh gestorben? Besonders schwer zu verarbeiten sind die Todesursachen Suizid und Mord.

Manchmal stirbt absehbar und vorbereitet ein geliebter Mensch nach einem langen erfüllten Leben und dennoch trifft uns dieser Tod mit einer Stärke, die wir uns nicht hätten vorstellen können. Wir hangeln uns von Tag zu Tag, oftmals von hilflosen Freunden und Kollegen umgeben, die gerne wüssten, wie sie uns helfen und unterstützen können. Doch wir kennen uns im Auge des Gefühlstornados auch selbst überhaupt nicht aus und sind jämmerlich überfordert.

Irgendwie muss das Leben aber weitergehen und wir quälen uns von einer Trauerinsel zur nächsten. Manchmal scheinen die Löcher so tief, dass es den Anschein erweckt, dass wir sie nie wieder verlassen können, selbst wenn wir wollten. Das Umfeld entfremdet sich und der Abstand zur »normalen« Welt wird immer größer. Ungeduld und Missverständnisse treffen aufeinander und gerade in der Zeit, in der man Freunde und Verwandte am nötigsten braucht, entstehen im Kontakt zu ihnen unüberwindbare Hürden, die man einfach nicht begreifen kann. Die Folge davon ist, dass wir uns immer mehr zurückziehen und darunter leiden.

Solches begegnet uns im ersten Trauerjahr immer wieder. Durch Verstehen dessen, was vorgeht, können wir uns darauf einstellen, damit umgehen und uns einen Weg durch dieses schwere Jahr bahnen.

Kapitel 1: Nichts ist wie zuvor

Ein nahestehender geliebter Mensch ist gestorben und nichts ist mehr, wie es war. Anfangs unter Schock, später mit der Erkenntnis, dass der geliebte Mensch niemals wiederkehren wird, sehen Sie sich vom Schicksal gezwungen, sich neu auszurichten. Etwas, das Sie unter keinen Umständen wollen und in den ersten Wochen und Monaten auch nicht können. Denn ohne den geliebten Menschen zu leben ist undenkbar.

Die folgende Bestandsaufnahme Ihrer Situation ist wichtig, damit Sie sich klar werden können, wo Sie stehen. »Bestandsaufnahme« mag für Sie als Betroffener merkwürdig klingen. Sie mögen sich fragen, ob Sie dieses Geschehen überhaupt so betrachten können oder wollen. Ich möchte Sie einladen, es zu versuchen. Denn so können Sie leichter herausfinden, was Sie brauchen und was Ihnen guttut. Ich helfe Ihnen dabei.

Was geschah und was ist: Bestandsaufnahme

Wer ist gestorben?

Es wird oft angeregt, Trauerfälle nicht zu vergleichen, denn was für den einen kaum zu bewältigen scheint, kann jemand anderem vergleichsweise weniger schwerfallen, ins Leben zu integrieren. Es ist aber in jedem Fall ein großer Unterschied, ob es sich bei dem Verstorbenen um einen Menschen handelt, mit dem wir zusammenleben, den wir täglich sehen, und ob wir mit ihm verwandt sind. In meiner Praxis konnte ich feststellen, dass der Tod des Partners und der Verlust eines Kindes die am tiefsten einschneidende Auswirkung auf unser Leben hat. Das liegt nahe, denn mit diesen Menschen lebten wir in einem Haushalt, haben unsere Geheimnisse und Wünsche geteilt, wir haben uns für deren Wohlergehen verantwortlich gefühlt und sie haben wesentlich, mit ihrem besonderen Wesen, dazu beigetragen, dass wir das Miteinander in vollen Zügen genießen konnten. Das gilt auch für Eltern und Geschwister, mit denen man noch unter einem Dach lebt, für Freunde in Wohngemeinschaften, Mitbewohner aller Art. Auch der Tod von einem Partner, von dem man schon länger getrennt gelebt und mit dem man unter Umständen gemeinsame Kinder hat, kann einen Menschen in eine Trauersituation bringen, mit der weder er noch sein Umfeld gerechnet hat.

Für Menschen, die ohne Kinder und Partner leben, sind oft der Verlust von Eltern, Geschwistern und sogar Haustieren vergleichbar; sie sollen in ihrer Trauer ebenso ernst genommen werden. Ich wünsche mir, dass wir alle im Hinterkopf behalten, dass es für denjenigen, den wir in seiner Trauer vor uns haben, genau das ist, was es für ihn ist: ein schwerer, markerschütternder Verlust, egal was wir für Meinungen, Wahrnehmungen und Erfahrungen haben. Das ist nicht immer leicht. Der Trauernde selbst versteht seine Empfindungen, Vorgänge im Körper und seine Verhaltensweisen nicht und verurteilt sich dafür, dass er nicht wie gewohnt funktioniert und reagiert. Wenn der Trauernde sich selbst schon nicht versteht, wie soll dann das Umfeld dazu in der Lage sein?

Wie ist der Tod eingetreten?

Auch hier sind Unterscheidungen wichtig. Die Todesart und die Todesursache spielen bei der Verarbeitung des Verlustes ebenfalls eine nicht zu unterschätzende Rolle. War es eine lange und quälende Krankheit wie Krebs und spielt Erleichterung, dass der Verstorbene endlich von seinen Schmerzen und Ängsten erlöst ist, eine Rolle? Gleichzeitig ist die Erschöpfung durch die Pflege immens und womöglich gehen die eigenen Kräfte dem Ende zu. Und doch wollen wir diesen »Abschied für immer« um keinen Preis. Aber konnten wir uns verabschieden, dann ist das für die folgende Trauerzeit ein wichtiger Faktor. Bei tödlichen Krankheiten kann man sich auf ein Leben ohne den geliebten Menschen möglicherweise schon allmählich einstellen. Wobei ich persönlich der Meinung bin, dass wir uns nicht wirklich darauf vorbereiten können.

Tritt der Tod ohne Vorwarnung durch beispielsweise plötzliches Herzversagen oder einen Unfall ein, ist mit größeren Schwierigkeiten bei der Verarbeitung des Todes zu rechnen. Sich nicht verabschieden zu können und nicht beim Sterbeprozess dabeigewesen zu sein erschwert die Bedingungen. Um einen vielfachen Faktor höher sind die zu erwartenden Bewältigungsprobleme, wenn bei der Todesursache Gewalt im Spiel war. Eine weitere Schwierigkeitsstufe ist hier, wenn der Täter nicht gefasst wird, ohne Strafe oder mit einer verhältnismäßig geringen Bestrafung davonkommt. Als kaum zu bewältigen gilt, wenn die Leiche nie gefunden wird. Ein Problem, das durch die gefallenen und nie gefundenen Soldaten in der Geschichte durch die beiden Weltkriege eine große Rolle spielt. Wir können uns normalerweise überhaupt nicht vorstellen, dass jemand unserer Angehörigen stirbt. Allenfalls ein natürlicher Tod durch Alter oder Unfälle ist denkbar. Mord und Totschlag bekommen wir zwar täglich durch die Medien mit, aber dass wir einmal selbst davon betroffen sein könnten, liegt jenseits unserer Vorstellungskraft. Dennoch passiert es immer wieder auch in unserer näheren Umgebung.

Unterschiedlich schwer sind auch Unfall und Suizid zu verarbeiten. Schuld und Schuldgefühle kommen hier oft dazu und führen zu erschwertem Trauerverlauf. Auf das Thema Schuld gehe ich näher in Kapitel 4: »Selbstvorwürfe, Liebe und Streit« ein.

Wer bleibt zurück?

Auch hier trägt es zum besseren Verständnis bei, zu sehen, wie Sie selbst, die trauernde Person, aufgestellt sind. In welchem Lebensabschnitt tritt der Schicksalsschlag auf? Sind Sie weiblich oder männlich? Haben Sie einen Arbeitsplatz oder sind Sie arbeitslos? Wie standen Sie zum Verstorbenen und wer ist noch betroffen? Haben Sie Kinder? In welchem Alter sind diese? Wie können Sie für die Kinder da sein, ohne Sie mit der eigenen Trauer allzu sehr zu belasten? Wie belastbar sind Sie selbst in Krisensituationen? Gibt es Eltern, um die es sich zu kümmern gilt, oder bleibt sogar ein Elternteil alleine zurück, wenn der Vater oder die Mutter gestorben ist? Wer kümmert sich jetzt um die Versorgung?

Ist ein Kind gestorben, so bleiben auch die Kindergartengruppe, die Schulklasse, Freunde und Bekannte zurück, die wahrscheinlich zum ersten Mal in ihrem Leben damit konfrontiert sind, dass das Leben sehr plötzlich und in jungen Jahren zu Ende sein kann. Wenn Sie es schaffen, diese Menschen irgendwie in die Trauer und den Verlust mit einzubeziehen, erschaffen Sie damit ein Netzwerk, das alle trägt, auch wenn es manchmal nicht auf den ersten Blick sichtbar ist. Hier ein Beispiel:

Eine Familie, deren Tochter mit 14 Jahren auf dem Weg zur Schule durch einen Autounfall starb, spendete die Organe ihrer Tochter, weil sie sich sicher waren, sie hätte es so gewollt. Der kleine Trost: der Tod der Tochter konnte anderen helfen zu leben und ein Teil von ihr würde ebenfalls weiterleben. Die Tochter wurde aufgebahrt und alle Familienangehörige, Freunde, Klassen- und Vereinskameraden sowie die Lehrer und Trainer konnten sich verabschieden. In der Aufbahrungshalle waren Fotos aufgehängt und Erinnerungen ausgelegt. Farben und Zettel waren bereitgestellt, so konnte der Sarg bemalt und es konnten Abschiedsbriefe geschrieben werden. Die Lieblingsmusik tönte aus einem CD-Player. Ich habe nie eine lebendigere und verbundenere Abschiedszeremonie erlebt und während ich dies schreibe, kommen mir wieder die Tränen vor Rührung und Dankbarkeit für diese mutige und ungewöhnliche Abschiedszeremonie, die dem verstorbenen jungen Mädchen sehr entsprach. Anfangs stand die Bestürzung und Betroffenheit fühlbar im Vordergrund und nur wenige trauten sich in die Nähe des Sarges. Doch je mehr sich die Gäste trauten, die Farben zu benutzen, um den Sarg zu bemalen, begannen Gespräche, immer mehr trauten sich, sich am offenen Sarg zu verabschieden, nahmen sich gegenseitig fest und lange am Sarg ganz nah bei ihrer Freundin in den Arm und konnten sie sogar noch mal zum Abschied berühren. Bilder, die ich nie vergessen werde. Zur Beerdigung gab es dann eine große Feier, an der es ausschließlich die Lieblingsgerichte der Verstorbenen in großen Mengen gab. Es war eine großes Abschiedsfest. Ich hatte den Eindruck, alle waren da, und dieses gemeinsame tiefe Erlebnis verband alle mehr, als es sie verzweifeln ließ. Die Familie erlebte so ein »von der Gemeinschaft getragen werden«, wie es selten möglich ist.

Wie verlief das Leben bisher?

Wenn Sie in Ihrem bisherigen Leben noch keine gravierenden Schicksalsschläge hinnehmen und verarbeiten mussten, haben Sie noch nicht erlebt, dass Sie vieles nicht nur überleben, sondern Sie auch irgendwann wieder befreit lachen können. Menschen, die ohne Vorerfahrungen durch andere Krisen den Tod ihres geliebten Menschen zu bewältigen haben, stehen vor einer anderen Herausforderung als diejenigen, die bereits Verhaltensmuster für Krisenzeiten erlernt haben und wissen, dass es ein Danach geben wird.

Dennoch darf auch bei Menschen, die bereits Krisen gemeistert haben, nicht unterschätzt werden, dass jeder von uns auch Grenzen des Ertragbaren hat. Oft wissen die Betroffenen darum und nutzen eine Strategie durch Krisen zu gehen und eventuell sogar noch gestärkt daraus hervorzugehen, indem sie sich professionelle Hilfe suchen. Darauf gehe ich näher in Kapitel 8: »Trauerbegleitung und Psychotherapie« ein. Hier geht es mir darum, aufzuzeigen, wie unterschiedlich jeder einzelne Trauerfall sein kann. Daher kann es auch keinen Patentweg durch die Trauer geben, der für alle passt. Dies ist ein weiterer Grund, sich nicht selbst unter Druck zu setzen und sich auch nicht von anderen unter Druck setzen zu lassen, zeitnah wieder funktionieren zu müssen. Natürlich ist das Ihr Wunsch, möglichst schnell durch alles hindurchzugehen, denn die Trauerzeit ist kein Zuckerschlecken. Einen Großteil dieser Zeit leiden Sie auf eine für Sie bisher unbekannte Weise, mit einer Tiefe, die Sie bis dato noch nie erfahren haben. Sich darin zurechtzufinden benötigt Zeit und Geduld.

Wie wurde bisher mit Schwierigkeiten und Krisen umgegangen?

Für die weiteren Entscheidungen, die Sie zu treffen haben, ist es wichtig, dass Sie sich klar machen, wie Ihr bisheriger Umgang mit Krisen war. Manche Menschen fühlen sich schon bei leichten Schwierigkeiten hilflos, andere machen schon immer alles mit sich alleine aus. So vielfältig die Umstände und Verhaltensweisen sind, so zahlreich sind auch die Möglichkeiten, wie Sie mit Ihrer Trauer umgehen können. Je mehr Klarheit darüber herrscht, umso aktiver können Sie Ihren eigenen Trauerweg beschreiten. So kann nach und nach aus reinem Überleben und Aushalten langsam ein eigener Weg werden, aus dem Sie durchaus auch gestärkt und positiv verändert hervorgehen können. Auch wenn Sie sich das zu diesem Zeitpunkt in keiner Weise vorstellen können.

In meiner Praxis habe ich Klienten erlebt, die bis zum Tod ihres Partners immer der zurückhaltende, vorsichtige Teil waren, der sich eher umsorgen und beschützen ließ. Ich durfte bei einigen feststellen, wie sie in der Lage waren, Schritt für Schritt aus dieser Rolle hervorzutreten und nach und nach ihr Leben selbst in die Hand zu nehmen. Das heißt nicht nur, dass die Trauer irgendwann weitergezogen ist und wir unser altes Leben wieder aufnehmen, sondern dass die Trauer uns verändert und dass tatsächlich auch im Positiven, weil wir Fähigkeiten an uns kennenlernen und einsetzen, von denen wir nicht wussten, dass wir sie haben. Aber auch hier spreche ich von Prozessen, die Zeit und Geduld brauchen.

Was geht in uns vor?

Was das Gehirn leistet

Obwohl wir uns ständig in der Veränderung und im Fluss befinden, fällt es uns schwer, Verhaltensweise und Lebensart zu verändern, selbst wenn unsere Lebensumstände positiv sind und wir es aus freiem Willen tun.

Wiederholungen von Handlungsweisen wie Zähneputzen, Essen, die Lieblingssendung im Fernsehen sehen, eben alles, was wir regelmäßig tun, hinterlässt in unserem Gehirn eine Spur. Je öfter diese Spur durch Wiederholungen betreten wird, umso tiefer ausgeprägt wird der Pfad. Das führt zu teilweise automatischen Abläufen, was dem Alltag zugute kommt, denn so schaufeln wir uns Kapazitäten für andere wichtige und komplexe Vorgänge im Gehirn frei.

Allerdings haben diese Automatismen auch Nachteile. Sie führen dazu, dass es verlockend leicht ist, diese Wege immer wieder zu gehen – teilweise sogar unbewusst. Je tiefer wir so eine Spur durch Regelmäßigkeit ausgetreten haben, umso schwieriger wird es, den Pfad zu verlassen, um neue Wege beziehungsweise neue Gewohnheiten zu etablieren.

Wenn ein geliebter Mensch gestorben ist, bricht es uns nicht nur das Herz, auch unser Gehirn ist komplett überfordert. In unserem Gehirn befindet sich eine Unzahl von Handlungsweisen, die ganz eng mit dieser Person verknüpft sind. Meistens solche, die wir selbst gewählt haben und lieben. Gerade beim Verlust des Partners oder eines Kindes sind diese Pfade genau das, was unser Sein bestimmt und bestätigt.

Mit einem Schlag sind diese Pfade nutzlos und jeder Versuch, sie zu gehen, ist unendlich schmerzhaft und führt in ein Nichts, das man getrost als schwarzes uferloses Loch bezeichnen kann. Das ist einer der Gründe, warum wir uns beim Verlust eines geliebten Menschen nahezu ständig fühlen, als seien wir im freien Fall. Ein Zustand der sehr unangenehm und bedrohlich auf uns wirkt.

Wir werden von einem auf den anderen Tag gezwungen, neue Pfade anzulegen, und das nicht nur hier und da, sondern für unseren gesamten bisherigen Alltag. Selbst für unser Arbeitsleben gilt das. Wir teilen uns unsere Arbeit so ein, dass wir gemeinsam den Tag beginnen, bevor jeder seiner täglichen Aufgabe nachgeht. Wir planen, rechtzeitig abends bei der Familie zu sein, wir schicken über den Tag verteilt kleine Nachrichten und nutzen die Mittagspause, um für das Lieblingsessen der geliebten Person einzukaufen. Unser ganzes Leben ist oft bis in den kleinsten Unterpfad unseres Gehirns vom Zusammenspiel mit dem Verstorbenen durchwoben und teilweise sogar fest verknotet.

Durch den Tod des geliebten Menschen können wir von

einem auf den anderen Tag diese Pfade nicht mehr gehen. Jeder Versuch endet mit Hilflosigkeit, der Bewusstwerdung des Verlustes und nicht selten mit bitteren Tränen.

Wie oben beschrieben, fällt es uns schon unter guten Bedingungen sehr schwer, selbst gewählte Verhaltensweisen zu ändern, sie zu unterlassen oder neue Verhaltensweisen einzuführen. Ratgeber empfehlen deshalb, immer nur eine Verhaltensweise in Angriff zu nehmen und sich dafür je nach Vorhaben 21, 30, 60 oder 90 Tage Zeit zu nehmen. Beim Todesfall eines Menschen, mit dem wir den Alltag geteilt haben, geht es nun um unzählige Verhaltensweisen auf einmal, die wir unter keinen Umständen ändern wollen. Das überfordert uns maßlos, und das ständig für die nächsten Wochen und Monate. Es erfordert unendlich viel Geduld und Durchhaltevermögen. Verzweiflung und Erschöpfung sind vorprogrammiert. Es scheint wie ein Marathon, der nie enden will.

Der Prozess der Umprogrammierung, den wir nun ad hoc zu leisten haben, fordert unglaublich viel unserer Kapazität, die wir bisher zur Verfügung hatten, um die Anforderungen unseres Alltags zu bewältigen. Und dennoch wundern wir uns darüber, dass wir oft nicht mehr in der Lage sind, unseren Alltag wie bisher zu regeln. Dabei können wir froh und dankbar sein, wenn wir überhaupt noch etwas zustande bekommen, denn die Umgewöhnung verschluckt unsere Reserven wie ein Durstender in der Wüste ein Glas Wasser.

Zu den normalen täglichen Aufgaben kommen nun zudem neue und unfreiwillige Erledigungen, wie die Planung, Organisation und Durchführung der Beerdigung, Amtsgänge, Kündigungen von Konten, Mitgliedschaften, Abonnements, Verträgen, Testamente etc. hinzu. Die Liste scheint endlos. Jeden dieser Vorgänge wollen wir nicht umsetzen, denn mit jeder Erledigung wird der Tod unseres geliebten Menschen realer. Wir möchten einfach nicht, dass es wahr ist, dass der geliebte Mensch verstorben ist, und das ist auch sehr verständlich.

Während unser Gehirn auf Hochtouren läuft, um neue Pfade einzuschlagen und zu treten, sind wir also gezwungen, uns mit Dingen auseinanderzusetzen, die wir bis in die letzte Faser unseres Denkens, Fühlens und Wollens ablehnen. Jeder, der sich das vor Augen führt, wird erkennen, um was für eine große Anstrengung es sich hierbei handelt und dass Geduld und Verständnis von uns selbst und von unserem Umfeld im höchsten Maße geboten sind. Niemand kann und soll das in zwei bis sechs Wochen leisten, wie es oft erwartet wird. In Kapitel 5: »Schlaflosigkeit, Konzentrationsschwäche und Gedächtnislücken« gehe ich auf die möglichen Folgen dieser Überforderung näher ein.

Neue Pfade anzulegen hilft

Sosehr es uns widerstrebt, es ist wichtig, dass wir neue Pfade anlegen. Denn irgendwie müssen wir ohne die geliebte Person weiterleben und deren Tod in unser Leben integrieren. Und es gibt einen weiteren Grund dafür, sich neue Pfade zu erschließen: Mit dem Tod Ihres geliebten Menschen haben Sie ein Stück weit die Kontrolle über Ihr Leben verloren. Denn der tödlichen Krankheit, dem Unfall oder dem Schicksal hatten Sie nichts entgegenzusetzen. Ihr Leben verändert sich ungewollt und schlagartig – das bedeutet einen weitgehenden Kontrollverlust. So schwer es nun ist, neue Pfade anzulegen, ich möchte es Ihnen ans Herz legen, es zu tun. Denn es ist auch tröstlich zu wissen, dass Sie mit jeder von Ihnen neu gelegten Spur wieder ein wenig mehr Kontrolle über Ihr Leben zurückerlangen. Kein leichter Weg. Der Tod des geliebten Menschen hält allen die Endlichkeit des Lebens überdeutlich vor Augen.

Daher werden Sie nun jeden neuen Pfad nicht nur mit Widerständen, sondern auch bewusster und mit größerer Wertschätzung anlegen können.

Das gebrochene trauernde Herz

Während unser Gehirn auf Hochtouren läuft, die neue bestürzende Situation in den Griff zu bekommen, liebt unser Herz die verstorbene Person weiter und läuft damit ins Leere, denn der geliebte Mensch ist nicht mehr da. Ein merkwürdiger Zustand, den wir kaum in Worte fassen können. Ins Leere lieben: Allein der Gedanke daran lässt uns frösteln. Ein Zustand, ein Schmerz, der mit nichts, was wir bisher in unserem Leben erlebt haben, vergleichbar ist. Auch hier ist alles neu und wir haben noch keine Möglichkeit, damit umzugehen. Unser geliebter Verstorbener soll auf keinen Fall vergessen werden, doch hier handelt es sich um die Kraft der Liebe, die wir nicht mehr wie gewohnt zum Ausdruck bringen können. Wir wissen nicht, wo sich unsere geliebte Person befindet und ob es ihr gut geht. Die neuere Trauerforschung (insbesondere Roland Kachler in seinem neuen Ansatz in der Trauerarbeit) legt daher nahe, einen inneren Ort zu finden, an dem man die verstorbene Person sicher aufgehoben weiß und jederzeit mit ihr in Kontakt treten kann.[1]

Dieser Prozess, den unser Herz leisten muss, ist dem, was das Gehirn durchmacht, ziemlich ähnlich. War bisher ein Großteil oder unsere ganze Liebe auf diese Person gerichtet, so müssen wir uns nun ungefragt daran gewöhnen, dass auch dieser Weg nicht mehr so zu beschreiten ist wie zuvor. Auch dies ist ein enormer Kraftakt, der sehr an unseren Reserven zehren.

Extrem dünne Haut

Wahrscheinlich haben Sie sich bisher noch nie so dünnhäutig, zerbrechlich und empfindlich gefühlt. Trauernde beschreiben ihren Zustand in der ersten Zeit zudem auch so, als wären sie in Watte gepackt und das Drumherum kommt gar nicht nahe an sie heran. Zwei Empfindungen, die oft gleichzeitig auftreten. Aus meiner Sicht hat das damit zu tun, dass Trauernde einerseits noch unter Schock stehen und sich andererseits in Alarmbereitschaft befinden, weil das denkbar Schlimmste eingetroffen ist: Unser geliebter Mensch ist gestorben und wir konnten nichts dagegen tun. Diese dünne Haut führt dazu, dass wir uns permanent schutzlos fühlen. Das allein ist auf die Dauer schon sehr anstrengend. Aufmunternd gemeinte Sätze aus dem näheren Umfeld treffen nun wie Pfeile. Was früher leicht dahergesagt war, kommt Ihnen nun möglicherweise wie eine gezielte Beleidigung vor. Sie verstehen Ihr Umfeld nicht mehr und Ihr Umfeld versteht Sie nicht. Diese Diskrepanz ist sehr irritierend und schmerzhaft. Auf diesen Aspekt gehe ich in Kapitel 3: »Wie ist der Alltag zu schaffen?« genauer ein.

Tränen fließen ohne Unterlass oder bleiben ganz aus

Wir sind alle unterschiedlich nahe am Wasser gebaut. Ist der allererste Schock erst einmal überwunden, berichten viele – und so ist es mir auch ergangen –, dass sie das Weinen nicht kontrollieren konnten. Egal wo sie waren, im Supermarkt an der Kasse, im Gespräch mit einer Kollegin oder während eines Telefonats, das mit dem Tod des Verstorbenen nichts zu tun hatte, die Tränen liefen einfach und ließen sich nicht stoppen. Vielen ist das sehr unangenehm. Die Tränen fließen einfach. Meistens ohne Schluchzen, die Augen werden nass und die Tränen laufen über die Wangen.

Wenn Ihnen das auch so geht, braucht Ihnen das nicht unangenehm zu sein, es handelt sich hier um Tränen, die still über Ihre Wangen laufen. Sie können das Ihrem Umfeld ohne Bedenken zumuten. Wenn Sie sich fragenden Fremden an der Kasse dann nicht offenbaren möchten, sagen Sie einfach, Sie hätten eine schlimme Allergie und jeder kommt damit klar. Dieser Zustand hält nur eine relativ kurze Zeit an. Sie werden Ihren Tränenfluss leider schneller wieder kontrollieren können, als Ihnen vielleicht lieb ist. Denn sobald Sie Ihre Tränen wieder im Zaum haben, bedeutet es auch, dass Sie Ihre Tränen unterdrücken und dieser wundervolle Reinigungsprozess, den unser Körper für uns eingerichtet hat, gerät ins Stocken. Manchmal so sehr, dass Sie sich die Zeit der unkontrollierten Tränen zurückwünschen. Wir unterdrücken unsere Tränen, weil wir niemanden damit belasten wollen und weil diese ständige Heulerei auch sehr anstrengend ist. Aber das Zurückhalten der Gefühle samt der dazugehörigen Tränen ist viel anstrengender und die daraus resultierenden Gemütszustände für Sie und Ihre Umwelt sind wesentlich belastender. Darauf gehe ich in Kapitel 6: »Krankheit und Erschöpfung« näher ein.

Nichts kann den geliebten Menschen ersetzen und zurückbringen

Angehörige und Freunde wollen hilfreich zur Seite eilen, um die Lücke zu schließen oder um den Schmerz zu lindern, aber wenn wir ganz ehrlich sind, ist das nicht möglich. Werden Sie also danach gefragt, was man für Sie tun könne, ist die einzig wahre Reaktion, die Sie oft aber nicht aussprechen: Niemand kann etwas für mich tun, es sei denn, man brächte mir meinen geliebten Menschen zurück. Oft ist Ihnen gerade in der ersten Zeit das eigene Überleben nicht mehr so wichtig und so sind Dinge, die Sie früher erfreut haben, derzeit völlig irrelevant für Sie geworden. Ihr Umfeld kommt da nicht mehr mit, zieht sich zurück und verschwindet nach und nach ganz, was zu einem noch größeren Gefühl der Einsamkeit führt. In Kapitel 3: »Wie ist der Alltag zu schaffen« gehe ich auf diesen Aspekt genauer ein.

Warum ist Trauer in unserer Gesellschaft kein natürliches Gefühl?

Zu dieser Frage kommt der Trauernde durch die Diskrepanz, die im Trauerprozess oft zwischen ihm und seinem Umfeld entsteht. Ich kann dazu nur meine Vermutungen äußern, denn stichfeste Untersuchungen darüber habe ich noch nicht gefunden. Das Offensichtliche zuerst: Trauer kommt uns oberflächlich betrachtet ausschließlich als etwas gänzlich Unangenehmes und Fürchterliches vor, das unbedingt vermieden werden muss, sei es mit Ablenkung, Drogen, Alkohol oder durch andere Verdrängungsstrategien. Trauer blockiert uns, lässt uns in der Vergangenheit leben. Der Blick nach vorne wird durch Trauer versperrt. So die allgemeine Haltung. Dass Trauer notwendiges Innehalten bedeuten kann, Zeit für Veränderung und ganz wichtiger Ausdruck von Liebe und Verbundenheit ist, spielt in unserer Gesellschaft kaum eine Rolle. Im Vordergrund steht, dass Trauer uns nicht mehr so funktionieren lässt, wie es unsere Leistungsgesellschaft jederzeit und unter allen Umständen von jedem erwartet.

Unsere Geschichte ist geprägt von zwei Weltkriegen, in denen Millionen von Menschen gestorben sind und in denen Menschen viel Schuld auf sich geladen haben. Hätten unsere Großeltern und Eltern es sich nach dem Krieg erlaubt, um ihre Söhne und Töchter, die in einem sinnlosen Krieg gefallen waren, angemessen zu trauern, wäre das ganze Land in Agonie verfallen. Damals war es wichtig, weiterzumachen und die Trümmer wiederaufzubauen, damit die notwendigsten Dinge zum Leben funktionieren. Auch dadurch hat sich hierzulande die Verdrängung der Trauer breitgemacht. Damals machte das Weitermachen wohl Sinn, heute steht uns dieses übernommene Verhalten meiner Meinung nach im Weg. Aus meiner Wahrnehmung leiden bis heute die Familiensysteme noch unter der verdrängten Trauer von damals.

Heute leben wir in einer Zeit, in der ein Innehalten und die bewusste Neuausrichtung nach einem Schicksalsschlag durchaus Platz hätte, doch was damals für unser aller Überleben und Weiterkommen enorm wichtig war, richtet sich heute gegen uns. Studien zeigen, dass 60 Prozent aller Depressionen auf verdrängte Trauer zurückzuführen sind.[2] Würden wir der Trauer wieder einen höheren Stellenwert in unserer Gesellschaft einräumen, würde zweifellos dies nicht nur dem Einzelnen in der Trauersituation helfen, sondern auch dem Umfeld, den Arbeitgebern und somit auch der Wirtschaft und der gesamten Gesellschaft.

Dabei würde alleine die Haltung, dass trauern erlaubt und willkommen ist, schon sehr viel bewirken. Auch hier können wir nur wieder bei uns selbst anfangen, indem wir uns erst einmal selbst die Trauer und die nötige Zeit, die wir dafür benötigen, zugestehen. Das bedeutet nicht, dass wir in dieser Zeit einen Komplettausfall für unser Umfeld und unsere Arbeitgeber darstellen. Viel Druck von uns selbst, aber auch von allen anderen Beteiligten könnten Absprachen mit dem Arbeitgeber nehmen, in denen geklärt wird, dass der Trauernde beispielsweise vermindert arbeiten kann und auch größere Pausen einlegen darf. Angesichts der Überbelastung, die unser Gehirn im Trauerzustand zu absolvieren hat, ist das eine durchaus nachvollziehbare und hilfreiche Maßnahme.

Affirmation

Nur für heute habe ich die absolute Gewissheit, dass ich meinen Weg schon gehen werde. Auch wenn er steinig und lang ist, werde ich am Ende des Tunnels ein Licht finden, das mich immer leitet.

Kapitel 2: Die persönlichen Umstände der Trauer

Ist es das erste Mal, dass ein geliebter Mensch stirbt, gibt es keine Trauererfahrungen, auf die man jetzt zurückgreifen kann. Die wichtigste Erkenntnis aus einem so einschneidendem Erlebnis ist, dass man den Verlust überleben kann und irgendwann wieder glücklich ist und befreit und herzlich lacht. Wenn aber aus Gründen, die oft sehr unterschiedlich sind, an der Trauer vorbeigelebt wurde, fehlt diese Sicherheit, auch wenn der Trauernde schon einmal einen solchen Verlust erleben musste.

In diesem Kapitel geht es darum, dass Sie sich den speziellen Umständen Ihrer Trauer noch einmal genauer zuwenden, um zu tieferem Verständnis über Ihre Verfassung und Ihre Gefühle zu gelangen.

Annehmen, was ist – annehmen, wie wir uns fühlen

Annehmen, was ist. Das ist ein Satz, ein Rat, der einen Trauernden zur Weißglut bringen kann. Denn den Tod des geliebten Menschen anzunehmen klingt oft wie Hohn und fordert Unmögliches von Menschen, die gerade ihren Partner oder ihr Kind verloren haben. Doch ich meine diesen Satz hier nicht auf den Tod des geliebten Menschen bezogen, sondern darauf, dass wir annehmen, wie wir uns fühlen. Fühlen wir uns verzweifelt, verlassen und untröstlich, dann ist das so und gehört zu uns, auch wenn andere das anders bewerten und erleben. Ebenso ist es, wenn wir oder andere das Gefühl haben, dass dieser Zustand zu lange dauert. Fühlen wir uns versteinert, bekommen wir keinen Zugang zu unseren Gefühlen und fehlt uns das Fließen, das die Tränen der Trauer uns ermöglichen, ist auch das so, wie es ist, und hat seine ernst zu nehmenden Gründe. Beides sind Zustände, die sehr unangenehm sind und uns sehr viel Kraft rauben. Vor allem zehren sie an uns, weil wir uns gegen sie stemmen, als hinge unser Leben davon ab. Sobald wir sagen können, so ist das bei mir und das ist in Ordnung so, haben wir wenigstens die Kraft zur Verfügung, die bis dahin unser Widerstand verbraucht hat. Wichtig ist, sich auch vom Umfeld nicht verrückt machen zu lassen und dem Druck von außen nicht nachzugeben. Es ist Ihr Leben und Ihre Trauer. Sie machen es genau so, wie Sie dazu in der Lage sind. Möglichst einen Schritt nach dem anderen, auch wenn die Schritte oft sehr langsam erscheinen.

Wie sind die Lebensumstände?

Es ist zusätzlich schmerzhaft, sich zu verdeutlichen, wo man nach dem Schicksalsschlag steht. Ihr Impuls ist wahrscheinlich, davor zurückzuweichen, dennoch möchte ich Sie dazu anregen, denn es hilft, Sicherheit in der schlimmen Situation zu finden.

Alles wirkt auf Sie und Ihre Trauer; lassen Sie sich von den folgenden Betrachtungen nicht überrollen, nehmen Sie sich Zeit dafür, Sie können auch später antworten. Doch es ist hilfreich, wenn Sie sich nach und nach den Antworten zu den folgenden Fragen nähern:

Wie sieht die gesundheitliche Situation aus? Manche Menschen haben selbst mit einem körperlichen oder seelischen Leid zu kämpfen. Das können Krankheiten, Behinderungen, Allergien oder auch seelische Krankheiten wie Angststörungen oder Depressionen sein. Wie steht es um die finanzielle Absicherung? Kann der bisherige Lebensstandard aufrechterhalten werden? Haben Sie eine Arbeit/Beschäftigung? Sind Sie in der Lage, weiter arbeiten zu gehen? Beziehen Sie Rente und reicht das Geld aus? Müssen Sie eventuell die Wohnung oder das Haus aufgeben? Haben Sie einen großen flatterhaften Freundeskreis? Haben Sie einige wenige verlässliche Freunde oder haben Sie bisher isoliert gelebt? War der Partner der Extrovertierte in der Beziehung und hat die Außenkontakte gehalten? Genauso ist denkbar, dass der Partner eher introvertiert war oder Sie sich in der Beziehung beide genug waren und Sie deshalb viele der eigenen Kontakte, die jetzt wichtig wären, vernachlässigt haben. … Sie lesen im Folgenden nur eine Auswahl von Kriterien, die Ihre Trauer und Ihren Weg beeinflussen können. Darin sind noch nicht einmal Ihr Charakter, Ihre Erziehung und nur ansatzweise Ihr Alter berücksichtigt. Die Fülle der verschiedenen Umstände und Möglichkeiten zeigt ein weiteres Mal, dass Trauer und der Umgang mit ihr nicht austauschbar und vergleichbar ist. Der Vergleich mit anderen Trauernden in ähnlichen Situationen würde dazu führen, dass Sie unzufrieden mit Ihrer eigenen Art zu trauern würden. Doch niemand kann wissen, wie jemand sich wirklich fühlt und was er tut, wenn wir nicht dabei sind. Deshalb ist es so wichtig, selbst hinzusehen, wo genau Sie stehen.

Sie stehen wahrscheinlich jetzt noch am Anfang Ihres Weges und können vermutlich erst im Nachhinein, sagen, wie Ihr eigener Weg der Trauer war und was Sie gerne anders gemacht hätten. An dieser Stelle geht es darum, dass Sie sich nicht durch Aussagen Ihres Umfeldes verunsichern lassen und womöglich annehmen, mit Ihnen könnte etwas nicht stimmen. Trauer birgt so viele Schichten in sich, dass es sich lohnt, sich mehr mit ihr zu beschäftigen und ein paar Fakten über sie zu wissen. Dabei hilft Ihnen, sich bewusst zu machen, wo Sie zu diesem Zeitpunkt stehen.

Wer ist gestorben?

In welcher Verbindung stehen Sie zum Verstorbenen? Wie nah und wichtig ist er Ihnen? Haben Sie Ihren Partner oder Ihr Kind verloren, handelt es sich um Todesfälle, die in der Regel besonders schwer zu verarbeiten sind.

Wie sah die Beziehung zum Verstorbenen aus? Waren Sie ein festes und glückliches Paar? Gab es noch einen oder mehrere Partner nebenher? Ist bereits ein neuer Partner in Ihr Leben getreten, der Ihre Trauer mit Ihnen durchsteht und Sie akzeptiert, oder reagiert er ungeduldig, verständnislos oder eifersüchtig?

Beim Verlust eines Kindes ist ein Faktor, der den Verlauf der Trauer beeinflusst, ob es noch Geschwisterkinder gibt, für die Sie präsent sein möchten/müssen, oder ob Ihr einziges Kind gestorben ist. Auch das Alter des Kindes ist ein Faktor, der auf die Gefühlswelt Einfluss nimmt. Je jünger und schutzloser ein Kind zum Zeitpunkt des Todes war, umso tiefer ist oft die Bestürzung und Untröstlichkeit der Eltern, dass sie ihr Kind nicht beschützen konnten und nicht mehr für es da sein können.

Ich wurde einmal von einer Trauernden im Anschluss an eine gemischte Trauergruppe gefragt, warum die Eltern so sehr über kleine Kinder trauern, obwohl sie nur ein paar Tage oder Wochen alt geworden sind und noch gar keinen Charakter und kein Wesen ausgebildet hätten und man sich schließlich noch nicht so sehr an das gemeinsame Leben mit ihnen gewöhnt hätte. Die Fragende selbst hatte keine Kinder und trauerte um ihre Mutter. Ehrlich gesagt, musste ich bei dieser Frage schlucken und ich war erstaunt, dass sich diese Frage überhaupt stellt. Aber sie hat mir klar gemacht, dass die Wahrnehmung von Dingen, die uns oft so selbstverständlich erscheinen, dass wir sie erst gar nicht formulieren, dennoch bei jedem Menschen anders ist. Für mich spielen bei der Beantwortung dieser Frage vier Faktoren eine wichtige Rolle, obwohl ich selbst kein Kind verloren habe. Möglicherweise würden Eltern, die dieses Schicksal durchzustehen haben, andere Punkte für wichtig halten oder hätten noch einiges zu ergänzen.

Vermutlich ist der Tod des eigenen Kindes das Schlimmste, was einem widerfahren kann, egal welches Alter ein Kind hat. Je jünger und schutzloser das Kind ist, umso mehr sind alle Instinkte der Eltern darauf gepolt, ihr Kind zu versorgen und ihm einen guten Start ins Leben zu ermöglichen. Ein jung verstorbenes Kind konnte zudem aus unserer Erwartung an einen »normalen« Lebensverlauf sein Leben nicht leben. Noch zehn oder zwanzig Jahre und länger nach der Geburt eines verstorbenen Kindes denken Eltern daran, wie alt ihr Kind jetzt wohl sei, wie es aussehen würde und wie das Leben des Kindes beziehungsweise das gemeinsame Leben wohl aussehen könnte. Vielleicht aber hatte das Kind auch von Anfang an Schmerzen oder Atemnot und musste schwere Operationen durchstehen, die das Leben doch nicht retten konnten. Es fehlten Frieden, Harmonie, Geborgenheit und Leichtigkeit in diesem kleinen Leben und in dem Leben der frischgebackenen Eltern. Diese konnten auf Grund des jungen Alters des Kindes ihm noch nicht einmal versuchen zu erklären, was gerade mit ihm geschieht. Eine aus meiner Sicht wahrhaft unerträgliche Situation, die Eltern über lange Zeit sehr mitnehmen kann.

Auch wenn ein Kind in den ersten drei Monaten der Schwangerschaft verloren wird oder es sich um eine »selbst gewählte« Abtreibung handelt, sollte die Trauer um dieses Kind gleichermaßen ernst genommen werden.

Wie ist der geliebte Mensch gestorben?

Es ist für Ihren Weg der Trauer ausschlaggebend, auf welche Weise Ihr geliebter Mensch gestorben ist. Hatten Sie im Verlauf einer langen Krankheit die Möglichkeit, sich wenigstens teilweise auf das Leben ohne den geliebten Menschen vorzubereiten? Konnten Sie den Verstorbenen auf seinem letzten Weg begleiten? War womöglich Zeit, sich alles zu sagen, was noch gesagt werden musste, und Dinge zu klären, die wichtig waren? Oder sind Sie durch die Pflege des Verstorbenen und die ständige Gegenwart von Todesangst in Ihrem Leben erschöpft und bräuchten dringend eine Pause, um sich zu erholen, statt den schwierigen Weg der Trauer an die anstrengenden Wochen, Monate oder Jahre anzuschließen?

Kommt der Tod plötzlich und unvorhersehbar, wirkt dieser Umstand ganz anders auf unsere Seele. Der Abschied fehlt, die Nachricht des Todes löst einen Schock bei uns aus.

Tritt der Tod durch Suizid ein, bleiben wir mit einer kaum beschreibbaren Betroffenheit zurück. Schuldgefühle nisten sich in der Seele ein. Viele von uns konnten die Not des geliebten Menschen nicht erkennen. Oft liegt es aber nicht daran, dass wir blind waren, sondern dass der Verstorbene sich aus Schuld- und Schamgefühlen über seinen verzweifelten Zustand dazu entschieden hat, sein Innenleben nicht nach außen zu kehren beziehungsweise es ganz bewusst geheim zu halten. Auch in solchen Fällen war kein Abschied möglich und der Schock sitzt tief.

Mord, Totschlag und andere Gewaltverbrechen machen es uns kaum möglich, zu trauern. Hier herrschen zunächst hauptsächlich Wut, Ohnmacht und der Schrei nach Gerechtigkeit in unserer Gefühlswelt vor. Erst wenn der Täter geschnappt und angemessen bestraft ist, kann an Trauer gedacht werden. Das kann Jahre dauern oder nie eintreffen. Die Angehörigen sind oft nicht mehr in der Lage, ihr bisheriges Leben weiterzuführen. In Deutschland ist im Bereich der Opferhilfe noch viel Arbeit und Aufklärung nötig. Die Angehörigen werden hier oft von der Gesellschaft und vom Gesetzgeber alleingelassen. Selbst Beratungsstellen geraten schnell an ihre Grenzen, weil es für diese Arbeit wenig Einsicht und Unterstützung in der Bevölkerung gibt.

Wird die Leiche des Verstorbenen nie gefunden, kann es keine Beerdigung geben. Die Angehörigen verbringen unter Umständen ihr Leben damit, darauf zu warten, dass der geliebte Mensch plötzlich wieder gesund und munter vor ihnen steht. Das ist eine große Schwierigkeit für die Hinterbliebenen, ein Automatismus der Seele, der ohne Hilfe kaum gesteuert werden kann.

Wie steht es um Ihre familiäre Einbindung?

Dies ist ein weiterer wichtiger Aspekt für die Verarbeitung Ihres Verlustes. Sicherlich kann es auch anstrengend sein, wenn man eine überbesorgte Familie hat, aber nach dem Tod eines Kindes oder Partners ohne die Unterstützung einer Familie dazustehen hat etwas Beängstigendes, zumal sehr schnell die Frage beim Trauernden aufkommt, wozu er eigentlich noch weiterleben soll. Sind Sie in so einer Situation, in der Sie sich alleingestellt fühlen, versuchen Sie sich Unterstützung durch Trauerbegleitung und Trauergruppen zu holen, wenn es Ihnen irgendwie möglich ist. Bitte beachten Sie dafür die Hinweise in Kapitel 8: »Trauerbegleitung und Psychotherapie«.

Wie zuverlässig und belastbar ist Ihr Freundeskreis?

Haben Sie gute Freunde und wenn ja, auf welche davon können Sie zählen und wie belastbar sind diese? Nur allzu oft teilen Trauernde ihren Schmerz über Freundschaften mit mir, die die Trauerzeit nicht überstehen. Freunde ziehen sich ohne ersichtlichen Grund zurück und sind nicht mehr ansprechbar. Sicherlich handelt es sich hierbei in den meisten Fällen um Hilflosigkeit. Nichtsdestotrotz ist dieses Erleben besonders schmerzhaft, weil wir dachten, uns auf unsere besten Freunde verlassen zu können, und gerade in Krisenzeiten ist es wichtig, nicht alleingelassen zu werden.

Da Sie noch am Anfang Ihrer Reise durch die Trauer stehen, können Sie selbst noch gar nicht sagen, was Sie benötigen und wie Ihnen Ihre Freunde beistehen können. Ihr Freundeskreis fühlt sich unter Umständen also nicht nur hilflos, sondern stochert auch im Nebel, besonders wenn ähnliche Einbrüche im Leben auch dort noch nicht vorgekommen sind. Lieb gemeinte Angebote werden von Ihnen vielleicht als völlig unangemessen und fehl am Platz angesehen. Das merkt Ihr Gegenüber mit großer Wahrscheinlichkeit, wird unsicher und traut sich nicht, weitere »Fehler« zu riskieren. Der Kontakt versickert.

An dieser Stelle möchte ich Ihnen ans Herz legen, offen zu sagen, was Sie brauchen. Wenn Sie nicht sagen können, was Sie brauchen, weil Sie es selbst nicht wissen, sagen Sie: »Ich weiß selbst nicht was ich brauche und was mir hilft. Hab bitte Geduld mit mir und sei einfach nur für mich da.«

Für Trauernde fühlt es sich umgekehrt oft sehr authentisch an, wenn Freunde einfach sagen, dass sie hilflos sind und Angst haben, Fehler zu machen. Das ist ehrlich und wesentlich besser, als nichts zu sagen. Räumen Sie Ihren Freunden und Helfern am besten schon pauschal ein, Fehler machen zu dürfen. Auch für sie ist es unter Umständen das erste Mal, dass sie jemandem in der Trauerzeit beistehen.

Wer trauert auch?

Haben Sie ein Elternteil verloren, so bleibt Ihre Mutter oder Ihr Vater alleine zurück und ist auf Ihre Unterstützung angewiesen. Bei Partnerverlust besetzt oftmals der Zurückbleibende die gesamte Trauer für sich und vergisst völlig, dass der Partner auch Kinder, Eltern, Geschwister und Freunde hat, die ebenfalls trauern. Eine schwierige Situation, die teilweise von den Mitbetroffenen gefördert wird, indem sie von Anfang an die Trauer des Partners über ihre eigene stellen und alles tun, damit es der Mutter oder dem Vater besser geht. Besonders Kinder halten in dieser Zeit, in der sie selbst trauern, ihre Gefühle zurück, um den noch lebenden Elternteil nicht noch mehr zu belasten. Sie tun dies unbewusst auch aus Angst, den anderen Elternteil auch noch zu verlieren. Selbst Eltern, die in der Lage sind, die Situation ihres Kindes zu sehen und darauf einzugehen, bekommen oft keinen Einblick in die Seele ihres Kindes, wenn es um die Trauer um ein Elternteil geht. Gut, wenn Sie eine Trauergruppe für Ihr Kind finden, wo es sich unter Gleichaltrigen befindet, die Ähnliches erlebt haben, um sich mit diesen auszutauschen.

Bei einem Partnerverlust kann es auch vorkommen, dass Sie sich mit dem noch lebenden Partner aus einer früheren Ehe des Verstorbenen und eventuell Nachkommen auseinanderzusetzen haben. Hier spielen zusätzlich zu den Gefühlen oft auch das Erben und die Rentenberechnung eine Rolle.

Gab es in Ihrem näheren Umfeld in letzter Zeit noch andere Trauerfälle?

Es kommt zuweilen vor, dass in kurzer Zeit gleich mehrere Angehörige und Freunde sterben und man zwischen den tödlichen Krankheiten, Unfällen und Beerdigungen kaum zum Luftholen kommt. Bei mir war es so, dass in dem Jahr, bevor meine Mutter starb, mein Großvater (ihr Vater) von uns ging und etwas mehr als ein Jahr nach dem Tode meiner Mutter ihre Mutter folgte. Im Jahr, als mein damaliger Lebenspartner Tom an Krebs starb, gab es insgesamt sieben Todesfälle in meinem näheren Umfeld. So kommen auch Klienten zu mir in die Trauerbegleitung, die innerhalb von wenigen Monaten ein Elternteil und den Partner oder ihr Kind verlieren. Das erhöht die Schwere der Trauer und die Verarbeitung der Todesfälle erscheint nahezu unmöglich.

Wie gesund sind Sie?

Haben Sie ein schwaches Herz? Sind Sie Diabetiker, Allergiker oder chronisch krank? Verhindern körperliche Einschränkungen, dass Sie Sport machen können, sind Sie in Ihrer Bewegung eingeschränkt oder gar an Ihr Bett oder an einen Rollstuhl gebunden? Das sind alles Faktoren, die es ihnen wesentlich schwerer machen, sich in der Trauerzeit gut um sich selbst zu kümmern und neue Wege zu gehen. Diese Bedingungen sind nicht unüberwindbar, aber sie bedürfen einer erhöhten Aufmerksamkeit und Kraft. Lassen Sie sich nicht durch äußere Umstände von Ihrem Weg abhalten.

Wie ist Ihre seelische Verfassung?

Leben Sie in einem sicheren Umfeld, haben Sie Familie, Freunde und Arbeit, dann trifft Sie ein Schicksalsschlag auf eine andere Weise, als wenn Sie ohne Arbeit, Freunde und Familie dastehen. Wenn wir uns mit Trauer befassen, so gehen wir meist davon aus, dass der Todesfall den Trauernden in an sich stabilen seelischen Verhältnissen trifft. Doch die Realität sieht häufig anders aus; schließlich wissen wir, dass es viele Menschen gibt, die von Depressionen, Psychosen, geistiger Behinderung und anderen seelischen Erkrankungen betroffen sind. Wie schwierig muss es sein, wenn zu diesem Zustand noch der Tod eines nahestehenden Menschen kommt? In diesem Fall benötigen Sie unbedingt professionelle Hilfe von außen, am besten von Menschen, die sich mit Ihrer Erkrankung auskennen. Verwandte, Freunde und Bekannte sind in diesem Fall überfordert, können Ihnen aber helfen, professionelle Hilfe zu suchen, und Sie dorthin begleiten.

In welchem Lebensabschnitt befinden Sie sich?

Egal in welchem Alter wir sind, der Tod eines geliebten Menschen nimmt uns mit. Dennoch gibt es hier Unterschiede. Trifft es Sie in der Mitte Ihres Lebens, wird Ihnen schnell klar, dass Sie womöglich noch eine lange Zeitspanne vor sich haben, in der Sie diesen Menschen vermutlich täglich vermissen werden. Eine Klientin, die ihre Mutter verloren hatte und Mitte 30 war, formulierte es treffend: »Das heißt jetzt, ich werde meine Mutter sehr, sehr lange vermissen!« Leider kann ich das nur bestätigen. Ich habe meine Mutter verloren, als ich 15 war, und ich vermisse sie auch heute, nach 35 Jahren, noch jeden Tag.

Trifft Sie der Schicksalsschlag erst in einem hohen Alter, ist es für Sie absehbar, dass Sie bald folgen werden. Das ist einerseits tröstlich, bedeutet aber auch, dass Sie womöglich denken, es lohnt sich nicht, ein neues Leben zu beginnen, und Sie entschließen sich, einfach nur darauf zu warten, bis auch Sie endlich sterben dürfen.

Trifft es jemanden beispielsweise in der Pubertät, so sind Körper, Geist und Seele so mit der adoleszenten Umstrukturierung beschäftigt, dass der Verlust kaum erfasst und bearbeitet werden kann.

Welcher Art von Arbeit gehen Sie nach?

Sind Sie angestellt oder freiberuflich? Verbeamtet oder jederzeit kündbar? Sind Sie arbeitslos oder versorgten Sie den Haushalt, während Ihr Mann den Lebensunterhalt verdient hat? Können Sie sich Ihre Arbeit frei einteilen oder sie in der Trauerzeit sogar reduzieren? Können Sie es sich erlauben, sich krankschreiben zu lassen? Oder fällt Ihnen zu Hause die Decke auf den Kopf und Sie sind froh, wenn Sie einen Teil des Tages Ablenkung durch Ihre Arbeit erfahren? Vielleicht bemerken Sie mit der Zeit, dass Sie körperlich und seelisch nicht mehr so belastbar sind, und müssen, auch wenn Sie es gar nicht wünschen, etwas oder sogar deutlich langsamer und weniger arbeiten. Sie sind wahrscheinlich nicht mehr so leistungsfähig, wie Sie sich bisher kannten.

Sind Sie freiberuflich, können Sie eventuell Ihre Arbeitszeiten selbst bestimmen, aber da Ihre Existenz von Ihren Kunden abhängt, ist dies eine gefährlicher Grat, auf dem sie wandern. Das sind Szenarien, die eine Menge Druck ausüben können, den sie aushalten und mit dem Sie umgehen müssen. Ich beschreibe hier diese drückenden Eventualitäten, weil es Ihnen nicht helfen würde, wenn Sie Gedanken dazu verdrängen. Wenn Sie Ihre Situation erkennen, können Sie Abhilfe schaffen – noch nicht jetzt, am Anfang, aber nach und nach werden Sie wieder besser dazu in der Lage sein. Lesen Sie mehr dazu im folgenden Kapitel 3.

Möglicherweise lastet der Druck auf Ihnen, dass Sie nun den Lebensunterhalt allein verdienen müssen. Dadurch, dass Sie vielleicht bisher die Versorgung des Haushalts übernommen hatten und keiner bezahlten Arbeit nachgegangen sind, sind Sie eventuell nicht mehr auf dem neuesten Stand und/oder es gibt für Ihre Qualifikation nicht die passende Stelle und schon gar nicht mit einem Gehalt, mit dem Sie nun für sämtliche Lebenshaltungskosten allein aufkommen müssen. Wie dem auch sei: Im Moment sind Sie seelisch und körperlich kaum in der Lage, sich in etwas derart Neues und Anstrengendes zu stürzen. Versuchen Sie hier, den Zeitdruck herauszunehmen. Er hilft Ihnen nicht weiter. An erster Stelle steht, dass Sie überhaupt erst wieder in die Lage kommen, solche großen Fragen anzugehen.

Sind sie finanziell abgesichert?

Natürlich wäre jeder von uns gerne abgesichert und einige von uns sind es ja auch. Doch wenn der Partner gestorben ist, fehlt in der Mehrzahl der Fälle nun ein Verdiener oder sogar der einzige Verdiener. Es kann auch sein, dass Ihnen die Fähigkeit, geregelt arbeiten zu gehen, für den Moment abhandengekommen ist. Vielleicht ist das Haus noch nicht abbezahlt und Sie können alleine nicht für die Tilgung aufkommen. Das würde einen Verkauf und Umzug nach sich ziehen – in einer Lebensphase, in der Sie eigentlich dringend Sicherheit und Geborgenheit brauchen. Auch hier stehen lebensverändernde Maßnahmen an, die Sie nicht ausgewählt haben und die Ihre uneingeschränkte Aufmerksamkeit benötigen. Erstaunlich, was der Tod eines geliebten Menschen alles beeinflusst und verändert. In den meisten Fällen ist nahezu das ganze Leben davon betroffen und es ist ein mühsamer und langer Weg, sich ein neues Leben, das man irgendwann auch wieder lieben kann, aufzubauen.

Selbst wenn Sie zu all den aufgeführten Punkten Ihre eigene Situation an sich positiv beurteilen würden, Sie keine gesundheitlichen oder finanziellen Probleme haben, Ihr Arbeitsumfeld unterstützend ist und auch sonst alles eher günstig für Sie aussieht, kann der Tod eines geliebten Menschen Sie an den Rand Ihrer Belastbarkeit bringen und Sie verzweifeln lassen. Das hat nichts mit Schwäche zu tun. Das ist das Leben, das Sie gerade führen, eine Lebensphase, um die Sie einfach nicht herumkommen – die es gilt zu bewältigen. Zu wünschen ist allen, die so einen Verlust durchleben, dass sie Wege finden, diese großen Schwierigkeiten zu überwinden, und daraus gestärkt hervorgehen.

> **Affirmation**
> Nur für heute bin ich mutig genug, auf meine Situation zu blicken, damit ich klar erkennen kann, wie es um mich steht und was ich brauche.

Kapitel 3: Wie ist der Alltag zu schaffen?

Der Alltag eines Trauernden besteht zunächst vorrangig aus Tätigkeiten und Erledigungen, die kein Mensch freiwillig tun möchte. Gerade in den ersten Wochen und Monaten herrscht Chaos in der Gefühlswelt und im Leben. Nichts ist, wie es war, und es wird auch nie wieder so sein. Eine Situation ist über uns hereingebrochen, die wir nicht gewünscht und schon gar nicht gewählt haben. Von heute auf morgen sehen wir uns gezwungen, ein Leben zu leben, das einsam und kompliziert geworden ist. Der Tod unseres geliebten Menschen macht uns das Leben so schwer, dass wir es kaum in Worte fassen können. Selbst wenn eine lange Krankheit vorausgegangen ist und wir teilweise auch erleichtert sind, dass unser geliebter Mensch endlich erlöst wurde, bleiben wir auf vielen neuen und unbekannten Gefühlen sitzen. Warum musste gerade dieser Mensch sterben, der doch nie jemandem etwas getan hat? Warum so früh? Warum so qualvoll? Warum bin nicht ich gestorben? Warum passiert das gerade mir? Wie hätte ich es verhindern können? Wie soll es weitergehen, wo doch alles zu Ende zu sein scheint? Alles Gedanken, die sich besonders nachts zum Gedanken-Karussell hochschaukeln und uns den Schlaf rauben, den wir jetzt eigentlich bitter nötig hätten. In dieser Gefühlslage erscheint es uns unmöglich, zu tun, was zu tun ist, oder überhaupt aktiv zu sein. Doch ob wir wollen oder nicht, wir müssen Wege finden, diesen neuen Alltag zu bewältigen.

Wir schieben einen riesigen Berg vor uns her

Nach dem schrecklichen Ereignis türmt sich schnell ein riesiger Berg vor uns auf. Er besteht aus unzähligen unliebsamen Aufgaben, die wir nun zu erledigen und abzuarbeiten haben. Hinzu kommen Entscheidungen, bei denen es uns wichtig ist, dass wir sie im Sinne des Verstorbenen treffen, aber oftmals überhaupt nicht sicher sind und auch nicht sicher sein können, ob er unsere Wahl der Art der Bestattung, den Grabstein, die Blumen, die Grabrede passend gefunden hätte. Wir schieben alles, was möglich ist, auf.

Gleichzeitig stürmt die Bestürzung der Menschen, die vom Tod erfahren haben, auf uns ein und gute Ratschläge prasseln auf uns nieder. Jeder hat da so seine Vorstellungen und meint es gut mit uns. Ob sich das in Überaktivität oder in verstocktem Schweigen und Rückzug äußert: Wir müssen damit umgehen, obwohl wir doch gerade darum ringen, mit letzter Kraft zu funktionieren. Aus meiner eigenen Erfahrung und der Erzählung einer Vielzahl meiner Klienten wundere ich mich immer wieder über diesen gnadenlosen Vorgang, der über viele Trauernde hereinbricht, wenn das Umfeld überfordert ist und entsprechend hilflos beziehungsweise auch verletzend reagiert. Freuen tue ich mich jedes Mal, wenn mir von Abschieden berichtet wird, bei denen es harmonisch, liebe- und rücksichtsvoll zugegangen ist. Doch auch hier gilt: Der Alltag besteht nun aus Formalitäten, die man nicht gerne erledigt, nicht erledigen will, weil es den Tod des geliebten Menschen realer macht, und die einem sinnlos vorkommen. Die Trauer wiegt dabei so schwer, dass wir, schon wenn wir nur einen Kiesel aufheben, meinen, Berge zu bewegen.

Der folgende Satz von Konfuzius kann trostreich sein und dabei helfen, sich selbst in der eigenen Langsamkeit und Bedächtigkeit zu akzeptieren:

»Es ist nicht von Bedeutung, wie langsam du gehst, solange du nicht stehen bleibst.«

Die Konfrontation mit Formalien und Gesetzen

Wir sind konfrontiert mit Vorgängen, Gesetzen und Gepflogenheiten, die wir vielleicht noch nicht kennen. Telefonate, um wichtige Informationen zu erhalten, führen ins Nichts, wenn es schlecht läuft. Wenn es gutgeht, wissen wir nun, was wir zu tun haben, aber es bedeutet auch, dass wir eine Unzahl von Vorgängen zum Laufen bringen müssen. Dinge, die man schon in guten Zeiten vermeidet. Wenn es ganz schlecht läuft, begegnen wir auf der Reise durch unsere persönliche Katastrophe Menschen, die uns nicht weiterhelfen können, weil sie keine Ahnung haben und/oder unfreundlich und ungeduldig mit uns sind. Die Illusion, dass alle für einen da sind und zusammenhalten, wenn es ernst ist, schmilzt oftmals gerade in dieser Situation wie Eis in der Sonne dahin. Viele Trauernde finden sich plötzlich in einem Umfeld wieder, das vor allem mit sich selbst beschäftigt ist. Der Tod scheint uns alle zu überfordern. Er fordert von uns, was wir nicht bereit sind zu geben, und das macht uns müde, erschöpft und verzweifelt.

So geht die Suche los nach Passwörtern, Versicherungen, Verpflichtungen und Verträgen, die gekündigt, umgeschrieben und auf den aktuellen Stand gebracht werden müssen. In unserer Wahrnehmung erzählt uns jeder etwas anderes über die Dinge, die wir vorlegen müssen, um den Nachlass unseres geliebten Menschen abzuwickeln. Entseelte Vorgänge zu einem Zeitpunkt, an dem wir noch unter Schock stehen und mit dem Herzen ganz und gar beim Verstorbenen sind. Wir bewegen uns in zwei wie durch einen tiefen Graben voneinander getrennten Welten, die nicht vereinbar erscheinen, und wir haben das Unmögliche zu vollbringen, beiden gerecht zu werden, obwohl wir glauben, keine Kraft dafür zu haben.

Dem Chaos Struktur bieten

Im Chaos sind Strategien hilfreich, die wir gut kennen und früher schon eingesetzt haben. Listen haben wir alle schon mal gemacht, sei es vor einer Reise oder auch nur zum Einkaufen. Also nehmen Sie sich Papier und Stift oder öffnen Sie eine Datei am PC und erstellen Sie eine Liste für die zu erledigenden Aufgaben, die Ihnen einfallen. Fangen Sie ruhig erst einmal unstrukturiert damit an und lassen Sie bewusst Lücken, wenn Sie bei manchen Punkten einfach noch nicht wissen, was Ihnen fehlt oder wie es werden soll. Im Internet gibt es auch Checklisten zur Bestattung und, für einen späteren Zeitpunkt, für Umzüge; von diesen Listen können Sie sich Anregungen holen. Vielleicht gibt es einen roten Faden, der Sie mit dem Verstorbenen verbindet und den Sie nun aufgreifen können, damit er sie ein Stück weit führt und leitet? Das kann ein Vorgehen sein, das Sie bei früheren gemeinsamen Vorhaben angewendet haben, beispielsweise wenn Sie bei einem Umzug mit festen Daten wie Umzugstermin, Wohnungsübergabetermin begonnen und von dort ausgehend alle anderen Aufgaben bedacht haben.

Beginnen

Lassen Sie sich jetzt einladen, wirklich zu beginnen. Richten Sie Ihre Liste ein: Ihre eigene Liste sollte die folgenden Spalten haben.

1. Spalte: *Was.* Hier listen Sie die Aufgaben auf, beispielsweise Anschriften für Trauerbriefe zusammenstellen.

2. Spalte: *Wer.* Hier tragen Sie jeweils den Namen desjenigen ein, der diese Aufgabe übernehmen wird.
3. Spalte: *Wann.* Notieren Sie hier den Zeitpunkt, zu dem diese Aufgabe spätestens – mit einem kleinen Zeitfenster zur Sicherheit – erledigt sein muss oder soll.
4. Spalte: *Priorität.* Hier ist eine Vergabe von 1 bis 4 ganz sinnvoll: 1 bedeutet sofort, 2 noch heute, 3 in dieser Woche, 4 in den nächsten Wochen.
5. Spalte: *Zwischenstand.* In dieser Spalte können Sie oder Ihre Helfer Ansprechpartner, Telefonnummern und die Ergebnisse der Gespräche notieren.

Helfer

Sehen Sie sich um: Wer möchte helfen, weiß aber nicht, wie? Haben Sie zwei oder drei treue Seelen an Ihrer Seite, nutzen Sie dieses Geschenk und delegieren Sie. Achten Sie auf die Angebote der Menschen, die nun für Sie da sein wollen, und scheuen Sie sich nicht, diese anzunehmen. Auch sie trauern und möchten ihren Teil beitragen und wünschen sich, Sie zu entlasten.

Vielleicht schreiben Sie die Namen der möglichen Helfer oberhalb der Liste einfach einmal hin, gleichsam als Memo, dass Sie nicht alles allein machen, sondern Hilfe erbitten und annehmen sollten.

Überlegen Sie gleich, wenn Sie die Liste erstellen: Wer übernimmt was zuverlässig? Sprechen Sie die Person an. Halten Sie die getroffenen Verabredungen mit Ihren Helfern stichpunktartig fest, kopieren Sie für jeden die Liste, damit Sie sich bei Nachfragen, Unstimmigkeiten und Zwischenstandsklärungen darauf berufen können. Es gibt Ihnen Sicherheit, und sollten Sie sich unsicher fühlen, können sie die betreffenden Personen auf den Stand der Dinge ansprechen.

Prioritäten setzen

Die Liste nimmt langsam Form an und nun gilt es zu entscheiden: Was ist am dringendsten? Was ist wichtig und darf wegen Ihrer eigenen Wünsche oder aus Gesetzesgründen nicht vergessen oder übersehen werden? Was muss bis wann erledigt sein?

Machen Sie sich genaue Notizen; unterschätzen Sie bitte nicht die Fülle und die Komplexität der zu erledigenden Aufgaben und den Schwund Ihres Erinnerungsvermögens in der Situation, dass ein Ihnen nahestehender Mensch gestorben ist.

Lücken füllen

Nachdem Sie in Ihre Liste eingetragen haben, was Sie allein einsetzen konnten, wenden Sie sich den Wissenslücken in Ihrem Aufgabenplan zu. Wer hat Erfahrung, ist beruflich mit einigen der Aufgaben befasst oder bereit, die fehlende Information für Sie zu beschaffen?

Was alles zu tun ist

Es gibt es zahlreiche Formalitäten, die Sie selbst zu erledigen haben oder Familienmitglieder und Freunde ausführen können. Ich liste sie im Folgenden auf, dabei auch jene direkt nach dem Eintritt des Todes, für den Fall, dass Sie sich bei schwerer Krankheit des Angehörigen vorab informieren. Zunächst führe ich die benötigten Dokumente auf, die vorzulegen sind, dann andere Notwendigkeiten:

Dokumente

- Bei Ledigen und Minderjährigen: Geburtsurkunde und Personalausweis
- Bei Verheirateten: Heiratsurkunde und Personalausweis
- Bei Geschiedenen: Heiratsurkunde, rechtskräftiges Scheidungsurteil und Personalausweis

- Bei Verwitweten: Heiratsurkunde, Sterbeurkunde des Ehepartners und Personalausweis (die Vorlage des vollständig ausgefüllten Familienbuchs ist auch möglich)
- Todesbescheinigung, wird vom feststellenden Arzt siebenfach ausgestellt
- Falls vorhanden: Bestattungsvorsorgevertrag
- Versicherungsunterlagen:
  - Sterbegeldversicherung
  - Lebensversicherung
  - Unfallversicherung (je mit den letzten Einzahlungsbelegen)
- Mitgliedsbestätigungen von Vereinen, Verbänden, Kirchengemeinden etc. (bei Gewerkschaften: Vorlage des Mitgliedsbuches)
- Aktuelle Rentenanpassungsmitteilung
- Falls vorhanden: Grabdokumente bei einer bereits vorhandenen oder reservierten Grabstelle, Pflegeverträge mit dem Friedhofsgärtner
- Original-Testament oder Hinterlegungsschein für das Amtsgericht oder den Notar

Weitere Formalitäten, die von Ihnen und Ihren Angehörigen zu bedenken und zu leisten sind:
- Ist der geliebte Mensch zu Hause verstorben: Benachrichtigung des Hausarztes oder Notarztes (hier bitte an die Ausstellung der siebenfachen Todesbescheinigung denken)
- Ein Bestattungshaus wählen und benachrichtigen
- Angehörige und Freunde benachrichtigen
- Adressen für die Trauerbriefe, Einladungen zur Trauerfeier und Danksagungen zusammenstellen
- Erbschein beantragen
- Beim Amtsgericht oder Notar das Testament eröffnen lassen

- Besorgen von Trauerkleidung
- Eventuell Kündigung der Wohnung, Telefonanschluss, Zeitungsabonnements, Umbestellung der Post
- Bankkonto nach etwa acht Wochen auflösen
- Haus- und Hoftiere versorgen
- Bei Selbstständigkeit und einem eigenen Unternehmen: Belegschaft und Kunden informieren

Es gibt einige Formalitäten, die üblicherweise das Bestattungshaus für Sie übernehmen kann, wenn Sie es wünschen, beziehungsweise teilweise sogar muss, weil nur ein Bestatter dafür autorisiert ist. Dieses sind:

- Die Überführung des Verstorbenen
- Sterbeurkunden beim Standesamt des Sterbeortes ausstellen lassen
- Die Beratung beim Erwerb eines Wahl- oder Reihengrabes oder auch bei der Wahl, ob Erd-, Feuer-, Wasser-, Kristall- oder Luftbestattung
- Den Termin für die Trauerfeier oder Beerdigung festlegen
- Einen Redner oder Pfarrer beauftragen
- Eine Musikanlage und Begleitung für die Trauerfeier organisieren
- Die Dekoration für die Kapelle organisieren
- Ein Kondolenzbuch für die Trauerfeier auslegen
- Blumen und Kränze beauftragen
- Traueranzeigen und Danksagungen beauftragen
- Das anschließende Beisammensein entweder zum Kaffee oder zum Essen organisieren
- Die Abrechnung für die Beerdigungskosten mit der Sterbekasse oder Lebensversicherung
- Bestattungskostenzuschuss und Überbrückungsgeld bei der Rentenversicherungsstelle beantragen
- Die Rentenrechnungsstelle über das Ableben des Bezugsberechtigten informieren

- Arbeitgeber, Berufsverband, Versicherungen etc. über den Todesfall informieren

Ob Sie Unterstützung haben oder das meiste allein bewältigen müssen: mit Ihrer Liste sind Sie gut beraten, um die Fülle der zu erledigenden Aufgaben zu einem Zeitpunkt, an dem Sie eigentlich nur Ihre Ruhe haben wollen, doch irgendwie bewältigen zu können. Denn schließlich sind die Beerdigung und die Auflösung der Verpflichtungen und Habseligkeiten des Verstorbenen die letzten Dinge, die Sie konkret für ihn tun können. Aus meiner Erfahrung heraus ist es für die Hinterbliebenen enorm wichtig, alles gut und im Sinne des Verstorbenen zu regeln, um so einen würdigen Abschied feiern zu können. Wenn Sie also nachts wach liegen, weil Ihnen der Kopf von all den Aufgaben und Erledigungen schwirrt, können Sie immer auf Ihre Liste zurückgreifen, um den Überblick zu behalten.

Kontrolle da erlangen, wo es möglich ist

Die aktive Strukturierung der zu erledigenden Aufgaben ist auch ein wichtiger Schritt, um die Kontrolle wieder über das Hier und Jetzt zu erlangen. Denn der Tod eines geliebten Menschen nimmt uns nicht nur diese Person aus unserem Leben, er vermittelt uns auch den Eindruck, dass wir den Boden unter den Füßen verlieren und nicht mehr die Kontrolle über unser Leben haben. Sicherheit und Geborgenheit sind doppelt erschüttert. Ein wenig Sicherheit können wir allein durch das Tun, schon durch das Erstellen einer Liste, zumindest bezogen auf Alltagsaufgaben wiedererlangen.

Wie geht es nach der Beerdigung weiter?

Eine Vielzahl Trauernder berichtet, dass sich die Verwandten und Bekannten meistens nach wenigen Wochen, oft schon nach zwei Wochen, nicht mehr melden. Es machen sich im Umfeld immer ganz unterschiedliche Verhaltensweisen bemerkbar, wie mit dem Schicksalsschlag umgegangen wird. Oftmals gibt es von Menschen einfühlsame Reaktionen, von denen Sie es nie erwartet hätten. Leider ebenfalls häufig sind Ignoranz und fehlendes Einfühlungsvermögen. Besonders schmerzhaft ist das seitens Menschen, auf die Sie sich bisher immer verlassen haben. Außerdem begegnet Ihnen eine Mischung von Hilflosigkeit und starren Ansichten darüber, wie und wie lange getrauert werden muss beziehungsweise darf. Viele, die sich in der Trauerbegleitung Hilfe und Unterstützung suchen, erzählen davon, wie sehr sie unter der Erwartungshaltung ihres Umfeldes leiden, schon nach zwei Wochen, sechs Monaten oder einem Jahr wieder funktionsfähig und trauerfrei zu sein. Bei Begegnungen wird peinlich berührt geschwiegen oder weggeguckt, wenn der Trauernde den Verstorbenen erwähnt. Sätze wie: »Das hätte Dieter bestimmt gefallen!« lösen betretenes Schweigen aus, dann wird schnell zu Themen gewechselt, über die man leichter sprechen kann. Bekannte und auch Freunde wechseln die Straßenseite, um dem Trauernden nicht in die Augen sehen zu müssen. Alles in allem fühlen sich viele Trauernde, als wären sie mit gestorben.

Verstehen können Sie nur, was Sie selbst erlebt haben

Trauern Menschen zum ersten Mal, kommt es nicht selten vor, dass sie erkennen, dass auch sie bisher anderen Trauernden nicht genügend Verständnis und Geduld entgegengebracht haben, weil sie sich die Trauer um einen verstorbenen Menschen ganz anders vorgestellt haben. Nun aber als selbst

Betroffene erwarten und fordern sie, was sie zuvor selbst nicht in der Lage zu geben waren. Auch das ist ein innerer Konflikt, der irgendwie bewältigt werden muss. Durch den Schicksalsschlag sind wir in eine andere Liga eingetreten, in die wir nicht wollten. Zum Zeitpunkt unseres Beitritts sind wir blutige Anfänger und in keiner Weise bereit, den ganzen langen und schmerzvollen Weg der Trauer zu gehen.

Verdrängung ist eine mögliche Reaktion

Um zu vermeiden, sich auf diesen unliebsamen Weg einzulassen, und weil das Umfeld besser damit klarkommt, beginnen manche damit, sich mit Arbeit, einem neuen Partner, Alkohol, Drogen und Vergnügungen aller Art abzulenken und zu betäuben. Ein Weg, der jedem frei steht zu wählen. Dennoch kommt auch bei dieser Wahl meistens irgendwann der Zeitpunkt, an dem man körperlich und seelisch zusammenbricht. Manche Trauernden stehen noch so sehr unter Schock, dass sie sich fühlen, als lebten sie in einer Art Wattebausch oder unter einem Schleier, der die Wucht der Gefühle nicht an sie heranlässt. Möglicherweise ist das auch teilweise auf die Anti-Depressiva zurückzuführen, die man in so einer belastenden Situation nahezu selbstverständlich vom Hausarzt verschrieben bekommt. Ein schwieriges Thema und doch so wichtig, denn nach Wochen und Monaten ist die Sehnsucht nach dem verstorbenen Menschen oft so groß, dass man nahezu alles täte, um wieder bei ihm zu sein, und sei es auch nur für einen Moment. Daher gehe ich darauf ausführlich in Kapitel 8: »Trauerbegleitung und Psychotherapie« ein.

Das Umfeld verliert die Geduld

Viele Trauernde sind in der Lage, dass sie den Schmerz fühlen und durchleben, aber, da sie Anfänger auf diesem Terrain sind, oft nicht wissen, was sie brauchen, oder dies nicht formulieren können. Das ist ein schwieriger Ausgangspunkt in der Kommunikation mit dem Umfeld. Nicht alle haben sich »aus dem Staub gemacht«, einige warten nur darauf, gebraucht zu werden. Doch diese Bereitschaft wird nicht abgerufen. Das liegt oft an der mangelnden Fähigkeit des Trauernden, die Bedürfnisse in der Trauerzeit für sich zu klären, sie auszusprechen, um etwas zu bitten oder es gar einzufordern. Die Folge davon ist öfter, dass sich Menschen, die gerne hilfbereit wären, die Geduld verlieren und sich verwirrt oder verletzt zurückziehen. Vielleicht sind Sie selbst trotz allem dazu in der Lage, etwas dazu beizutragen, damit das nicht passiert.

Gut gemeinter Hilfs-Aktionismus

In Trauerfällen gibt es meistens auch Menschen im Umfeld des Trauernden, die sich trauen, immer wieder nachzufragen und Angebote zu machen. Möglicherweise sind das aber Angebote, die überhaupt nicht zur Situation oder zur trauernden Person passen oder einfach zum falschen Zeitpunkt kommen. Der Trauernde fühlt sich gestresst, in irgendein Trauerschema passen zu sollen. Auch das ständige Fragen nach der Befindlichkeit und den Wünschen fühlt sich für manche belastend an, denn die Antworten, die man hat, sind naheliegend: einsam, traurig, krank, schweren Herzens, schlecht, verbittert – eine Liste, die wir endlos fortsetzen können. Antworten wir auf die Fragen ehrlich, dann kommen Vorschläge, etwas Lustiges zur Ablenkung zu unternehmen. Das ist eigentlich ein guter Impuls, aber immer mit dem Beigeschmack: »Dann geht es dir wieder gut!« Was nicht der Fall sein wird. Daher wäre es prima, wenn derjenige, der einen Vorschlag macht, gleich einräumt, dass es sich hierbei ganz klar nur um eine winzig kleine Auszeit handelt, in der sich der Trauernde erholen kann, um Kraft für die nächsten Trauerwellen zu schöpfen.

Ein wunderbarer Ansatz, der dem Trauernden die Möglichkeit eröffnet Experimente in dem Sinn zu machen, sich auf eine Unternehmung einzulassen, bei der sich der Trauernde nur schlecht vorstellen kann, dass es was bringt oder hilft. Da es sich dabei aber nur um einen Versuch und eine Mini-Auszeit handelt, ist es vielleicht möglich, für ein paar Stunden aus dem Traueralltag auszubrechen. Solch einen Versuch macht man vorzugsweise mit Freunden, die es wirklich gut mit einem meinen.

Rückzug als einziger Weg?

Ein schwieriges Szenario ist es, wenn der Trauernde sich immer mehr und mehr zurückzieht und niemanden mehr an sich heranlässt. Das ist verständlich, wenn wir bedenken, was einem da draußen so an merkwürdigen Reaktionen begegnet. Und in einigen Fällen ist es vermutlich auch ratsam, sich von einem Umfeld zurückzuziehen, das in schwierigen Zeiten nicht für einen da ist oder einem nicht guttut. Aber schauen wir auf unsere empfindsame Trauerseele, dann können wir auch feststellen, dass wir unglaublich leicht zu verletzen sind. Jede noch so harmlose Bemerkung macht uns traurig oder wütend und selbst ein zugewandtes Umfeld hat hier kaum eine Chance, für uns da zu sein. In diesem Fall ist es wichtig, dass wir uns unsere Empfindlichkeit eingestehen und uns klar machen, dass es unter diesen Umständen ein Wunder wäre, wenn es nicht zu Konflikten, Auseinandersetzungen, Streits und Verletzungen käme.

Haben Sie sich zeitweilig sehr zurückgezogen, dann kann es sein, dass Sie sich irgendwann in der Situation festgefahren fühlen. Hier kann ich Sie nur ermutigen, Schritte hinaus auszuprobieren. Denn die Menschen, zu denen Sie auf Abstand gegangen sind oder mit denen Sie sich gar überworfen haben, leben vermutlich noch und freuen sich, wenn Sie sich melden. Tenor könnte sein: »Ich weiß, wir sind alle überfordert und mir ist klar, dass dies zu Missverständnissen und Schwierigkeiten führt. Ich habe aber leider zur Zeit nicht die Kraft für Auseinandersetzungen und leider weiß ich einfach auch nicht wirklich, was mir guttut, denn das Einzige, was mir wirklich helfen würde, wäre, wenn meine Frau gesund und munter so durch die Tür käme, als wäre sie niemals weg gewesen.« Diese Vorgehensweise ist kein sicherer Tipp, denn Menschen, die leicht beleidigt sind, möchten vielleicht nicht allzu schnell von ihrer ihnen vertrauten Position abweichen. Aber einen Versuch ist es Wert. Wenn Sie nicht die Kraft für ein persönliches Gespräch oder ein Telefonat haben, schreiben Sie einen Brief oder eine E-Mail.

Freikarten verteilen

Wir dürfen auch nicht vergessen, dass die anderen, sind sie auch nicht so sehr vom Tod unseres geliebten Menschen betroffen wie wir, ebenfalls trauern. Das führt dazu, dass der Haupttrauernde unter Umständen die gesamte Trauer für sich beansprucht. Freundschaften, von denen wir dachten, ihnen könne nichts etwas anhaben, zerbrechen. Die beste Freundin, der beste Freund zieht sich zurück, ohne dass wir einen wirklichen Grund erkennen können. Hilflosigkeit und Verständnislosigkeit machen sich breit. Je eher wir akzeptieren, dass dieser zwischenmenschliche Tumult dazugehört, umso weniger finden Verletzungen statt beziehungsweise umso besser können diese aus dem Weg geräumt werden, wenn sich die Wogen erst geglättet haben.

Es können auch vorbeugend zur Sicherheit des Trauernden Vereinbarungen getroffen werden: »Ich weiß selbst nicht, was ich brauche und was ich will, außer meinen geliebten Menschen zurückzuhaben. Daher hab bitte Verständnis für mich und Geduld mit mir.« Im Gegenzug dazu wäre es gut, wenn Sie den Menschen, die Sie begleiten, schon mal provisorisch eine oder mehrere Freikarten für Hilflosigkeit, Überreaktion, Ratlosigkeit und Unfähigkeit erteilen. Das schont die Freundschaft und die Nerven.

Nicht vergessen: Wir sind alle mehr oder weniger überfordert. In schlimmen Fällen können Sie auch darum bitten, dieses oder ein vergleichbares Buch über Trauer zu lesen, damit den Angehörigen zumindest inhaltlich klar wird, womit Sie im Moment zu kämpfen haben. Denn aufrichtig zu trauern ist, bis wir selbst einen solchen Verlust erleben müssen, ganz anders, als wir uns das vorstellen.

Untröstlich

In der Trauerforschung wird davon ausgegangen, dass das Einzige, was uns trösten könnte, wäre, dass der Tote wieder lebendig vor uns steht. Jeder andere Ansatz oder Vorschlag kommt nicht mal annähernd an das heran, was uns helfen würde, und wird abgelehnt. Einmal, weil es nicht ausreicht, und zum anderen, weil es vielleicht auch wie ein Verrat am Verstorbenen erscheinen könnte, dass zweit-, dritt- und viertrangige Lösungen überhaupt in Betracht gezogen werden. Diese Untröstlichkeit ist für Außenstehende schwer auszuhalten, sehen sich diese doch in der Pflicht, dafür zu sorgen, dass das Leben weitergeht. Fakt aber ist: Für Trauernde fühlt es sich an, als stehe die Zeit still, und das Leben geht nicht weiter. Auch hier entsteht eine tiefe Kluft zwischen Personen im Umfeld, die ihr Leben weiterleben wie zuvor, und den Hinterbliebenen, für die nichts auch nur annähernd so ist, wie es war und auch nie wieder sein wird. Dieser ungewollte Abstand schließt sich nicht, indem Personen im Umfeld oder der Trauernde etwas an seinem Leben ändert, sondern nur durch wechselseitige Akzeptanz.

Die ersten Gehversuche

Irgendwann ist es so weit, dass wir uns wieder auf einem Geburtstag, einer Hochzeit, einer Party und anderen Feiern blicken lassen. Dann sehen wir uns in kürzester Zeit in Gespräche verwickelt, die wir als nahezu schmerzhaft oberflächlich und sinnentleert empfinden. Dabei sind unser Körper und unsere Seele total erschöpft, wir merken, dass wir uns oftmals bereits nach zwei Stunden Zusammensein dringend wieder in unsere eigenen vier Wände zurückwünschen. Außerdem wird in solchen Momenten oft klar, dass wir einfach noch nicht so weit sind und noch auf einem anderen Stern weilen. Gehen Sie einfach diesen Empfindungen nach und legen Sie Verabredungen auf die Zeitspanne und Taktung fest, wie es Ihnen guttut. Wenn Sie Ihren Partner verloren haben, waren Sie vermutlich auf diesen Festen und Familienfeiern mit ihm oder ihr dort. Die ersten Male ohne den verstorbenen Menschen daran teilzunehmen ist in den meisten Fällen sehr schwierig. Ihnen wird in diesen Momenten besonders klar, dass Sie nun alleine sind und Ihr geliebter Mensch nie wieder dabei sein wird. Es wird einige Zeit dauern, bis Sie sich einer solchen Situation aussetzen können, ohne dass die Trauer und sogar auch die Verzweiflung überhandnehmen und Sie mit Ihren Tränen zu kämpfen haben. Natürlich sind Sie dann besonders unter Druck, weil Sie die gute Stimmung nicht verderben möchten, gleichzeitig sind wahrscheinlich aber einige Menschen anwesend, die nicht nachvollziehen können, dass Sie immer noch so traurig sind. Eine ziemliche Zwickmühle, die erst mit der Zeit besser wird. Daher planen Sie zunächst nur kurze Teilnahmen an solchen Unternehmungen.

Auf welcher Trauerwelle bewegen Sie sich gerade?

Eine weitere Schwierigkeit ist, dass Trauer in Wellen verläuft. Das heißt, es ist gut möglich, dass Sie an einem guten Tag ganz euphorisch und freudig einer gemeinsamen Unternehmung mit einer Freundin zustimmen. Doch am Tag der Verabredung selbst fühlen Sie sich leider wieder einmal so, als sei Ihre Welt aus den Angeln gehoben. Sie sind nah am Wasser gebaut, fühlen sich erschöpft und empfindlich. Daran, die schützende Wohnung zu verlassen, ist gar nicht zu denken. Um Schwierigkeiten wegen kurzfristig abgesagter Verabredungen zu vermeiden, können Sie den Umstand, dass Sie einfach zur Zeit kein zuverlässiger Verabredungspartner sind, schon wenn Sie die Verabredung treffen, mitteilen. Reservieren Sie sich also schon im Vorfeld Freikarten für mögliche Unpässlichkeiten.

Trauer nach Maß

Es ist wichtig, das richtige Maß zu finden zwischen angemessener Trauer und der Hinwendung dazu, sein Leben weiterzuleben. Das richtige Maß ist in jedem Fall nur das eigene, ganz individuelle Maß. Was die Trauerforschung dazu befunden hat, bezieht sich auf viele Menschen und kann Ihnen Antworten auf Ihre Fragen anbieten. Aber Ihren persönlichen Weg, den gestalten Sie gemäß Ihrem Inneren.

Unabhängig davon, wie Trauernde diese Zeit gestalten oder nutzen, geht die neuere Trauerforschung davon aus, dass es für die Betroffenen auch nach dem ersten Trauerjahr noch schwer bleibt. Vergessen wird der Verstorbene nie, aber beim Verlust eines Partners oder Kindes gehen wir davon aus, dass die Zeit, in der unser Leben von der Trauer mehr oder weniger geprägt und begleitet sein wird, drei bis fünf Jahre betragen kann. Der Weg durch diese Zeit ist klassischer Weise steinig und sehr beschwerlich. Wenn wir unser Leben Jahre oder Jahrzehnte mit einem Menschen geteilt haben, dann braucht es dementsprechend lange, ein neues eigenständiges Leben aufzubauen.

Um Ihr Maß und Ihren Weg zu finden, ist es hilfreich, wenn Sie bei den einzelnen Entscheidungen und Wegmarken gut in sich hineinhören und sich fragen, was Sie mit Ihrem weiteren Leben anfangen möchten. Im ersten Trauerjahr ist das nicht einfach, aber auch da werden Sie ab und an gute Tage und Zeiten haben, in denen diese Gedanken Platz haben dürfen. Was haben Sie bisher vernachlässigt? Wofür wollten Sie sich schon immer mal Zeit nehmen? Anfangs fallen Ihnen wahrscheinlich nur Sachen ein, die Sie mit dem Verstorbenen schon gemeinsam geplant haben oder noch vorhatten. Dann kommen vielleicht Gedanken auf an Vorhaben, die Sie nie realisieren konnten, gerade weil das mit dem Verstorbenen nicht möglich war; auch diese Gedanken können Sie sich zugestehen. Bei tödlichem Krankheitsverlauf gehen dem Tod oftmals Jahre der Krankheit voraus. So haben Sie vermutlich viel Zeit und Kraft in die Pflege investiert und viele Dinge waren rein körperlich oder finanziell nicht möglich. Auch wenn es schwer fällt und Zeit braucht, entwickeln Sie nach und nach neue Hobbys, Vorlieben und Interessen. Das bedeutet nicht, dass Ihre Liebe zum Verstorbenen kleiner wird oder die Dinge, die Sie gemeinsam so gerne gemacht haben, weniger Wert sind.

Wenn Trauer zu stark erscheint

Die gängige Vorstellung von einem »richtigen« Maß an Trauer führt auch immer wieder Menschen in meine Trauerbegleitung. Sie kommen zu mir, weil sie jemanden verloren haben, der nicht aus dem nächsten und vertrautesten Umfeld stammt, und sich wundern, dass sie über die Maßen trauern, teilweise sogar so sehr, dass sie das Gefühl haben, sie könnten nicht mehr arbeiten und Freude empfinden. In den meisten Fällen kommen wir dann sehr schnell darauf, dass bereits in früheren Zeiten ein geliebter Mensch gestorben ist. Oft waren das besonders einschneidende Todesfälle, beispielsweise dass ein Elternteil gestorben ist, während man selbst noch sehr jung war. Häufig stellt der Trauernde im Rückblick mit mir fest, dass wohl das damalige Umfeld nicht unterstützend bei der Verarbeitung zur Seite stand. Es wurde möglicherweise aus Hilflosigkeit geschwiegen und verdrängt.

Eine solche verdrängte Trauer kann durch einen aktuellen Verlust plötzlich zutage treten und uns ohne Vorbereitung mit voller Wucht treffen. Ein Zustand, der uns sehr unsicher werden lässt: Wir beginnen grundlegend an uns und unserem Umgang mit der Trauer und dem Leben zu zweifeln. Gut, wenn der wackelige Boden wieder ein wenig sicherer werden darf, indem wir uns Hilfe holen und nicht denken, dass wir das alleine durchzustehen haben.

In solchen Fällen ist es wichtig, die Trauer nachzuholen, sobald sie uns einholt. Viele Trauernde werden bestätigen, dass wir die Trauer nicht herbeizwingen können. Doch wenn sie sich zeigt, sollten wir uns ihr widmen, auch wenn sie verspätet auftritt und sich unangenehm anfühlt.

Verdrängte Trauer neu beleben

Mit einer verdrängten Trauer können wir ganz ähnlich umgehen wie mit einem aktuellen Trauerfall. Wichtig ist es, darauf zu achten, sich Rituale und Handlungsweisen zu suchen, die der eigenen Art entsprechen.

Dazu gehört beispielsweise, alte Fotos hervorzukramen und vielleicht das schönste davon in einem schönen Rahmen aufzuhängen. Erinnerungen an den Verstorbenen mit anderen zu teilen und/oder sie aufzuschreiben ist auch hilfreich. Sich an die Eigenarten dieses Menschen erinnern und vielleicht seine Lieblingsmusik hören, in eine Ausstellung seines Lieblingsmalers gehen oder sich ein wenig mehr in eines seiner geliebten Hobbys vertiefen – dies kann helfen, verschüttete Gefühle wieder zutage zu bringen. Das Lieblingsessen des Verstorbenen ganz bewusst kochen, eventuell ausgesuchte Gäste dazu einladen und einen Gedenkabend für die verstorbene Person im privaten Kreis veranstalten, das kann tröstend wirken. Beispielsweise könnte jeder Gast ein Foto des Verstorbenen oder eine andere Erinnerung an ihn mit nach Hause nehmen dürfen. Möchten Sie sich mit Ihrer Trauer alleine befassen, ist das ebenfalls völlig in Ordnung. Der Fantasie und den Möglichkeiten sind hier keine Grenzen gesetzt. Gut ist, was guttut. Wichtig ist, von der Passivität in die Aktivität zu kommen. Im Angesicht des Todes fühlen wir uns oft hilflos und ausgeliefert. Das Leben wird uns ohne unsere Zustimmung aus der Hand genommen. Zu versuchen, das zu gestalten, was uns möglich ist, hilft uns, aus der Agonie zu kommen.

Mir begegnen oft Menschen, die mir, sobald sie hören, dass ich Trauerbegleiterin bin, erzählen, dass sie selbst erst kürzlich jemanden verloren haben, aber gar keine Zeit haben, sich auf die Trauer einzulassen, und auch gar nicht wissen, wie das geht. Sobald beklemmende Gefühle auftauchen, werden sie durch Arbeit und Übersprunghandlungen wie Telefonate mit Freunden oder anderen Personen, Haushaltserledigungen, Arbeit, Sport oder Shopping übertüncht. Bei vielen stellt sich das Gefühl von Trauer oft gar nicht erst ein. Genauso wie viele Menschen, die sehr intensiv trauern, denken die Menschen, die den Eindruck haben, sie fänden nicht den rechten Zugang zur Trauer, dass mit ihnen etwas nicht stimmt. So ist es wichtig, dass wir uns, egal ob wir Betroffene oder Angehörige sind, immer vor Augen halten: Es gibt auch hier kein Richtig oder Falsch in Bezug auf Trauer.

Natürlich hätten wir gerne einen Leitfaden, den wir irgendwie abarbeiten können, und die Sicherheit, dass wir nach so und so viel Monaten diesen Prozess erfolgreich beendet haben werden. Leider kann uns den niemand geben. Doch die gute Nachricht ist, wir wissen alle eigentlich nicht, wie es genau geht, denn jeder Mensch, jeder Tod und jede Lebensphase ist anders, und die Kombination der verschiedenen Bedingungen ergibt noch einmal eine Unzahl an verschiedenen Herausforderungen und Möglichkeiten, mit dem Tod umzugehen. Das bedeutet auch für mich als Trauerbegleiterin, dass ich womöglich bei einem weiteren Todesfall, der mich betrifft, teilweise an Grenzen kommen kann, als sei es das erste Mal. Was mir dann aber hoffentlich hilft, ist, dass ich weiß, dass ich immer Möglichkeiten habe, mir den Umgang mit der neuen Herausforderung zu erarbeiten.

Affirmation

Nur für heute bin ich vollständig davon überzeugt, alles zu schaffen, was vor mir liegt, wenn ich einen Schritt nach dem anderen gehe.

Kapitel 4: Selbstvorwürfe, Liebe und Streit

Nach dem Tod eines geliebten Menschen geht es oft nicht so zu, wie wir uns das wünschen. Im Vordergrund sollte die Würdigung des Lebens des Verstorbenen stehen. Ebenso wichtig ist es, dass Sie Ihren guten Weg der Trauer finden und gehen. Dass das oft nicht gelingt, hat verschiedene Gründe. Auf einige davon möchte ich hier etwas genauer eingehen. Behalten Sie bitte im Hinterkopf: Trauer ist für uns ein ebenso natürliches Gefühl wie Freude. Daher ist es normal, traurig zu sein. Es ist angemessen, sehr traurig zu sein, wenn ein geliebter Mensch stirbt. Lange sehr traurig zu sein kann die passende Reaktion darauf sein, wenn ein sehr naher, sehr geliebter Mensch gestorben ist.

Schuld und Scham

Schuldgefühle gehören dazu

In meiner Praxis begegnen mir viele Trauernde, die sich selbst Vorwürfe machen, nicht genug für ihren geliebten Menschen getan zu haben. Die Äußerungen reichen von »Ich habe ihr nicht oft genug gezeigt, wie sehr ich sie liebe« über »Ich hätte noch mehr darauf bestehen sollen, dass er zum Arzt geht« bis zu »Warum bin ich nicht stattdessen gestorben«.

Egal ob der Verstorbene am Ende eines guten und langen Lebens gestorben ist oder es sich um jemanden handelt, der für unser Gefühl lange vor seiner Zeit gehen musste, Schuld spielt in ganz vielen Fällen eine Rolle. Auch das Umfeld ist bei dieser Frage überfordert. So versucht man den Trauernden zu entlasten, indem man verständlicherweise betont, dass man nichts daran hätte ändern können. In den meisten Fällen stimme ich dem auch zu. Nur ist dem Trauernden damit nicht unbedingt geholfen. Ich denke, wenn Sie Schuldgefühle in Bezug auf den Verstorbenen haben, ist wichtig für Sie zu wissen, dass Schuldgefühle oft zu dem dazu gehören, was nach dem Tod eines Menschen auftaucht. Sie gehören ein Stück weit zur Verarbeitung dazu. Sie tauchen auf, weil wir wünschen, dass wir durch unser Verhalten etwas hätten ändern können, statt dem Schicksal ausgeliefert zu sein. In den allermeisten Fällen ist es aber so, dass alles richtig gesagt und getan wurde und dem Tod trotzdem kein Einhalt geboten werden konnte.

Perfektionismus fördert Schuld

Viele Menschen neigen zum ständigen Optimieren (den Deutschen wird ja ein besonderer Hang dazu nachgesagt). Im Hinblick auf das große Ganze, auf die Evolution, ist das Optimieren sicher auch nützlich, da es uns Fortschritt und Entwicklung bringt. Doch leider hat sich auch immer mehr eine gewisse Optimierungswut ausgebreitet, sodass sie nahezu überall ungehindert ihr Unwesen treibt. Das führt dazu, dass unser Fokus nicht auf den Dingen liegt, die gut gelaufen sind, sondern nahezu ausschließlich beachtet wird, was nicht perfekt, nicht besonders gut, nicht ausgezeichnet ist. Dabei wird übersehen, dass es Belange im Leben gibt, die grundsätzlich nicht optimal verlaufen können, egal wie sehr wir uns das auch wünschen und wie viel Mühe wir uns dabei geben. Das trifft auch auf den Tod, den Abschied und die Trauer zu. Zusätzlich fühlen wir uns schuldig, weil es nicht optimal gelaufen ist und läuft. Erinnern wir uns besser daran, dass es hier kein Optimum gibt.

Nicht alles liegt in unserer Hand

Der Tod ist eines dieser wesentlichen Dinge, die wir nicht in der Hand haben. Schon alleine, dass Menschen sterben und andere trauernd zurückbleiben müssen, ist nicht optimal aus unserer Sicht. Mit dem Blick auf die Möglichkeiten des Lebens auf unserem Planeten und auf das Thema Überbevölkerung mag es natürlich sinnvoll sein, dass Leben endlich ist. Aber persönlich betrachtet, fände ich es ganz wunderbar, wenn ich meiner Urgroßmutter Amanda hätte begegnen und sie nach ein paar wichtigen Dingen aus ihrem Leben hätte fragen können und wenn ich Zeit mit ihr verbracht hätte, in der sie mir aus ihrem Leben erzählt und mir ihr altes Wissen weitergegeben hätte. Aber so ist es nun einmal; Amanda und ich hatten keine gemeinsame Zeit; daran ist nicht zu rütteln.

Und so ist es grundsätzlich mit dem Tod: Wenn wir versuchen, etwas zu optimieren, das nicht in unserer Hand liegt, dann tun wir das vergeblich. Die Folge davon ist meistens, dass wir denken, es liegt daran, dass wir uns nicht genügend Mühe gegeben hätten, und wir entwickeln Schuldgefühle. Die andere Variante ist natürlich, dass wir nach Schuldigen suchen, angefangen bei behandelnden Ärzten, der Umwelt, über Ernährungsfehler, unterlassene Arztbesuche, Stress auf der Arbeit bis hin zu anderen Familienmitgliedern und Freunden. Die entgegengesetzte Spielart davon ist, dass uns andere Vorwürfe und Schuldzuweisungen machen. Das schwankt je nach Beziehung zwischen »zu wenig gekümmert« bis »zu viel gekümmert« oder »falsch gekümmert« und geht bis »alles an sich gerissen und dominiert«. Das führt zu nichts. Erinnern wir uns besser daran, dass wir nicht alles in der Hand haben – und ganz gewiss den Tod nicht. So ist es wichtig, eine Sichtweise auf unser Handeln zu entwickeln, die uns ein klareres Gefühl dafür gibt, wann es sinnvoll ist, die Verantwortung für etwas zu übernehmen und zu erkennen, dass wir nicht omnipotent sind. Wir haben im Allgemeinen nicht die Macht über Leben oder Tod. Die Demut zu erlangen, die diese Machtlosigkeit erfordert, ist nicht leicht und erfordert viel Übung, Erfahrung und Hingabe.

Gewalt gegen sich selbst und andere

Speziell bei Suizid, Totschlag oder Mord wird immer nach dem Schuldigen gesucht. Natürlich gibt es bei Straftaten Täter und bei Unfällen Verursacher. Es ist wichtig, diese zu finden und angemessen zu bestrafen. In vielen Fällen ist das nicht möglich und der Verantwortliche kommt ohne oder mit einer sehr milden Strafe davon. Für die Angehörigen des Opfers ein nicht zu ertragender Umstand, der auch oft verhindert, dass die Betroffenen endlich beginnen können zu trauern. Daher ist es für sie extrem belastend, wenn Strafverfahren Monate dauern, bis sie überhaupt eröffnet, auf später vertagt und dann aus Mangel an Beweisen eingestellt werden. Das Einzige, was die Angehörigen in solchen Fällen noch tun können, ist, dafür zu sorgen, dass der Täter seine gerechte Strafe erhält. Ist das durch Gesetze, Anwälte, Formfehler, Mangel an Beweisen etc. nicht möglich, kann dies zu einer weiteren Traumatisierung der Angehörigen führen. Der gewaltvolle Tod des geliebten Menschen an sich ist schon ein Trauma. Es ist wichtig, dass dieses durch unangemessenen Umgang in den Verfahren nicht auch noch verstärkt wird. Trauernde sollten sich in solchen Fällen unbedingt professioneller Unterstützung anvertrauen.

Mehr geht einfach nicht

Doch auch diejenigen, die sich hingebungsvoll um den Sterbenden gekümmert haben, geraten oft in die Schuld-Falle; da es nicht optimal laufen kann, finden sie oft sehr schnell einen Punkt, den sie hätten besser machen können. So machen sich Trauernde zum Beispiel Vorwürfe, dass der geliebte Mensch gerade in dem Moment starb, als sie für ein paar Stunden das Krankenhaus verlassen haben, um zu Hause kurz nach dem Rechten zu sehen, schnell zu duschen und um ein wenig zu schlafen. Viele Menschen haben auch Schuldgefühle, weil sie ihren geliebten Menschen vermeintlich zu früh oder zu spät ins Krankenhaus, zur Pflege oder ins Hospiz gebracht haben. Es berührt mich immer wieder tief, wenn mir Menschen begegnen, die sich mit dem Gedanken quälen, vielleicht nicht genug für den anderen getan oder Fehler gemacht zu haben. Auch das ist ein Ausdruck von Liebe: der sehnliche Wunsch alles nur Menschenmögliche für den anderen in der Stunde der Not und des Abschieds zu tun. Doch in die letzten Wochen, Tage und Stunden all das hineinzugeben, was wir in weiteren zehn oder zwanzig Jahren dem anderen noch hätten geben können, das schaffen wir einfach nicht. Wenn wir uns dafür schuldig fühlen, dieses nicht erreicht zu haben, so überschätzen wir uns und unsere Fähigkeiten gewaltig. Dass wir traurig und sogar untröstlich darüber sind, dass wir all die schönen Momente und auch die schlechten nicht mehr teilen können, das ist verständlich.

Wozu Schuldgefühle noch dienen können

Schuldgefühle können auch die Funktion haben, dass wir uns mit der Suche nach Fehlern so sehr ablenken, dass wir die Traurigkeit nicht so stark spüren müssen oder wir sie sogar zumindest vorübergehend ganz verdrängen können. Auch hier geht es um den täglichen Kampf, die Balance in der Trauer zu finden. Die Trauer stark genug sein lassen zu dürfen, dass wir authentisch mit unseren Gefühlen sein können, und die Trauer aber gleichzeitig auch in ihre Grenzen zu weisen, damit wir den Alltag meistern und für unsere Kinder und andere Familienmitglieder da sein können.

Scham

Schuld und Scham kommen oft im Doppelpack daher. Wenn es um Schuld geht, bewerten wir ein Verhalten negativ: »Ich habe etwas Falsches getan, daher bin ich schuld an den daraus resultierenden Folgen.« Scham beurteilt nicht nur das Verhalten, sondern gleich die ganze Person: »Ich bin ein schlechter Mensch.« Hier spielen Verhaltensweisen wie Egoismus, Geltungssucht, Missgunst, Neid und Raffgier eine Rolle.

Viele Trauernden schämen sich für ihre Trauer, denn sie halten sie für Schwäche und denken, sie trauern falsch. Das hängt damit zusammen, dass, sobald der Tod eines Menschen bekannt wird, auch unwiederbringlich klar ist, dass Sie als Angehörige davon betroffen sind. Ihr Umfeld weiß nun über Ihr Innenleben Bescheid: Sie trauern. Nun stoßen Sie auf Vorstellungen und Meinungen, wie »richtig« getrauert werden muss. Und was auch immer andere meinen, wie Sie »richtig« trauern sollten: Immer vermitteln die anderen Ihnen mit ihren Meinungen und Ratschlägen auch die Botschaft, dass Sie etwas nicht richtig machen. Denn die Vorschläge anderer sind – es kann ja gar nicht anders sein – komplett unterschiedlich und teilweise entgegengesetzt. Das reicht von »Nach spätestens sechs Wochen sollte das Leben weitergehen« über »Für ein Jahr sind Trauer, Rückzug und schwarze Kleidung Pflicht und normal« bis zu »Finde deinen eigenen Weg, der so lang dauert, wie er eben dauert«. Jede Äußerung widerspricht anderen und nimmt Ihnen damit die Sicherheit, überhaupt etwas gut machen zu können. So kommt es, dass vielen Menschen in der Trauer die Scham ein selbstverständlicher Begleiter ist.

Gerade wenn es um den Tod eines geliebten Menschen

geht, kommt es uns meistens sehr darauf an, zumindest das Wenige, was uns noch bleibt, »richtig« zu machen. Der Tote hat es verdient, dass wir »richtig« um ihn trauern. Gelingt uns das nicht, schämen wir uns so sehr dafür, weil wir denken, dass wir unfähig oder egoistisch sind, statt zu begreifen, dass es einfach nicht möglich ist, »richtig« zu trauern. Es gibt hier kein »Richtig« oder »Falsch«. Selbst wenn Sie bereits zuvor schon einmal einen geliebten Menschen verloren haben, werden Sie unter Umständen feststellen, dass es diesmal etwas ganz anderes ist. Die Beziehung zum Verstorbenen ist anders, Sie selbst befinden sich in einer anderen Lebenslage oder in einem anderen Alter. So können Ihre Erfahrungen von damals nur teilweise greifen und helfen. Und schon beginnt der Kreislauf von vorne, der Ihnen nur den einen Rückschluss ermöglicht: mit Ihnen stimmt etwas nicht.

Zusätzlich führen die Symptome von Unkonzentriertheit, Überempfindlichkeit, Vergesslichkeit, Müdigkeit und Erschöpfung dazu, dass Sie denken, dass Sie schwach sind und eigentlich besser mit Ihrem Leben und dem Umgang mit der Trauer zurechtkommen müssten. Und weitere unnötige Scham lastet auf Ihnen.

Verlernen Sie alles und fangen Sie neu an

Einmal dort angelangt, helfen Bücher wie dieses oder/und Besuche bei einem Trauerbegleiter. Hier wird Ihnen schnell klar, dass es kein Patentrezept für Ihren Weg gibt. Es gibt nicht das richtige Tempo, die richtige Art, keinen klaren Anfang und kein klares Ende. Gibt es einmal ein paar schöne Minuten, Stunden, Tage, brauchen Sie sich nicht dafür zu schämen, denn zur Trauer gehören Aufs und Abs. Meistens sind es die Abs, aber haben Sie auch mal ein Hoch, dann genießen Sie es bitte, so gut es geht, denn die Erholung, die Sie daraus schöpfen, haben Sie bitter nötig, um wieder aufzutanken und um wieder Kraft für das nächste Tief zu haben. Überraschendes Lachen, Fröhlichkeit und entspannt sein, sind also keine Gründe, sich schuldig zu fühlen oder sich zu schämen.

Wut und Trauer

In der Trauer gibt es viele Gründe, wütend zu sein, so viele wie in sonst keinem anderen Zusammenhang. Doch Wut ist gesellschaftlich verpönt. Denn Wut äußert sich unbändig, wir verlieren kurzzeitig die Kontrolle über unsere Gefühle und Handlungen. Sie verbrennt das Umfeld und nimmt keine Rücksicht auf die Gefühle anderer. Deshalb neigen wir auch in der Trauer dazu, die Wut nicht zuzulassen. Unterdrückte Wut macht aber krank.

Vielleicht spüren Sie wie viele Trauernde schon bald nach dem Tod Wut auf den Verstorbenen, darüber, dass er Sie alleingelassen hat, auf welche Art er gestorben ist und dass Sie sich eventuell nicht mehr verabschieden konnten. Auch gehört die Wut auf das Schicksal oder Gott dazu, dass Ihnen solch ein Schicksalsschlag zugemutet wurde. Es ist, als sei ein Anschlag auf Ihre Existenz verübt worden, ein Angriff auf Ihr Grundvertrauen, Ihre finanzielle Sicherheit und auf Ihre Gesundheit.

Die Wut darauf, dass Sie Ihr Leben, so wie Sie es geplant und es sich vorgestellt haben, nicht mehr weiterführen können, hat einen großen Anteil in der Trauer-Wut-Gefühlswelt. Hinzu kommt die Wut auf das Umfeld, das sich in Ihren Augen nicht angemessen verhält, oder die Wut auf Angehörige, die für Sie verletzende Bemerkungen machen, ohne zu merken, was sie damit anrichten, und auch nicht eher damit aufhören, bis Sie so wütend sind, dass ein lautstarker Ausdruck Ihrer Gefühle, ein Wutanfall, diese Menschen zum Schweigen bringt. Leider hat so ein Ausbruch meistens zur Folge, dass dieser Kontakt, diese Freundschaft ein jähes Ende nimmt. Daher versuchen wir so lange wie möglich, Geduld mit uns und den anderen zu haben, uns zusammenzunehmen, damit wir nicht in noch größere Schwierigkeiten geraten, als wir sowieso schon haben. Je größer die Unterdrückung der Wut, umso mehr richtet sie sich jedoch gegen uns selbst und umso heftiger wird sie sich äußern, wenn sie dann doch einmal ausbricht.

Trauer und Wut Ausdruck verleihen

Trauer bedeutet Stress für den Körper. Unterdrückte Wut bedeutet zusätzlichen Stress für unseren Körper. Die Folgen davon können sein: erhöhter Cholesterinspiegel, Bluthochdruck, erhöhtes Herzinfarktrisiko, Erkrankungen des Herz-Kreislauf-Systems. In der Psychologie wird davon ausgegangen, dass unterdrückte Wut Ursachen von Depressionen, Essstörungen, Alkoholismus, Drogenkonsum und Tablettenabhängigkeit sein können.

Dennoch wird es nicht als gesund erachtet, der Wut unkontrollierten Ausdruck zu verleihen, denn die Stresshormone Adrenalin und Noradrenalin werden ausgeschüttet. Sie können bessere Wege finden, diesen mächtigen Gefühlen der Wut Gehör, Verständnis und Ausdruck zu verschaffen: Sie können ihnen durch Gespräche, Imaginationen, Malen oder Entspannungsmethoden und Sport Platz und Aufmerksamkeit verleihen. Eine Ausdrucksweise zu finden, die weder Sie noch andere verletzt, halte ich für wichtig. Das ist ein weiterer, wichtiger Schritt auf Ihrem Weg; dabei erlangen Sie neue Fähigkeiten, die Sie positiv durch Ihr weiteres Leben begleiten können.

Doch die Liebe bleibt

Die Liebe, die uns mit dem Verstorbenen verbunden hat, können wir, so geht es den meisten Menschen, selbst kaum verstehen und erst recht nicht anderen erklären. Wir wissen nur, dass sie da ist und dass sie stimmt. Bestätigt bekamen wir das bisher durch unseren geliebten Menschen. Wir erkannten es in seinen Augen und bemerken es an seinem Verhalten. Nun ist der Mensch, der genau dieses einzigartige Gefühl mit uns geteilt hat, tot. Der Lebenspartner, das eigene Kind, Mutter oder Vater, ein Geschwister, der beste Freund – niemand wird und kann die Stelle dieses geliebten Menschen einnehmen. Ein großes Loch entsteht, Fragen können nicht mehr beantwortet, Worte der Liebe, Verbundenheit und der Vergebung nicht mehr gesprochen werden. Natürlich bedauern wir an diesem Punkt in unserem Leben, dass wir nicht öfter Blumen mit nach Hause gebracht haben, nicht öfter »Ich liebe dich« gesagt haben, uns nicht öfter umarmt und gezeigt haben, wie wichtig wir uns gegenseitig sind. Denn werden wir vom Schicksal gezwungen, dass wir unser Leben nun ohne den geliebten Menschen zu verbringen haben, hatten wir in den meisten Fällen einfach noch nicht genug von dieser Person. Auch wenn die Liebe immer bleibt, so erfordert es doch viel Zeit und Kraft, einen Weg, einen Ort in uns zu finden, von dem aus diese Liebe weiterblüht, denn gleichzeitig sind wir gezwungen, unser Leben alleine weiterzuleben.

Wie kann eine Liebe, die geht, bleiben?

Wir wurden von diesem Menschen auf eine Weise geliebt, wie es kein anderer Mensch getan hat und wie es niemand mehr tun wird, auch wenn andere Menschen folgen können, die uns durchaus auf eine erfüllende Art lieben. Wir haben diesen Menschen ebenso auf einzigartige Weise geliebt, lieben ihn weiterhin, und mit einem Mal können wir diese Liebe nicht mehr auf diese Weise ausdrücken und ausleben, wie wir es bisher gewohnt waren. Bisher haben wir diese Liebe als etwas Wunderbares empfunden, nun wird sie durch den Tod beeinflusst, unterbrochen und getrübt. Alleine zurückzubleiben fühlt sich unter Umständen genauso schlimm an wie die Vorstellung, selbst auch zu sterben. Der große Schmerz, den wir fühlen, lässt uns ins Stocken geraten. Die Härte der Realität raubt uns den Atem und den Handlungsspielraum. Alles, was wir jetzt ohne den geliebten Menschen erleben, ist nicht unsere erste Wahl, wahrscheinlich nicht mal unsere dritte oder vierte Wahl. Unser Leben hat durch den Tod des geliebten Menschen eine Abwertung erfahren. Dieses Leben wieder als gewünscht zu empfinden, ist ein großes Stück Arbeit. Dabei kann helfen, einen Platz für die Liebe zu der verstorbenen Person, die Sie über Jahre und vielleicht Jahrzehnte oder auch nur für eine kurze Zeitspanne verbunden hat, in Ihrem Inneren zu finden. Wie das für Sie möglich ist, darauf gehe ich tiefer in Kapitel 7: »Die Sehnsucht nimmt überhand« ein.

Das neue Leben realisieren

Zu begreifen, dass der geliebte Mensch nicht mehr zur Tür hereinkommen wird und uns in den Arm nimmt, ist etwas, was wir zum einen nicht wollen und das zum anderen lange braucht. Es benötigt viele kleine und große Momente der Erkenntnis, wie weit unser Leben zum Zeitpunkt des Todes mit dem Leben des Verstorbenen verstrickt war. Wie viel unserer Zeit des Tages wir damit verbracht haben, uns um das Wohlergehen des anderen zu kümmern und zu sorgen, wird uns erst im Alltag klar. All diese Handgriffe und Gedanken, die dem Verstorbenen galten, sind nun sinnlos und laufen ins Leere. Jeder Tag ist eine Herausforderung.

Damit wir diese kleinen und großen schmerzlichen Erkenntnisse eines jeden Tages nicht so oft zu spüren haben, stehen wir morgens lieber erst gar nicht auf. Es stellt sich immer wieder auch die Frage nach dem Sinn unseres Lebens in dieser Zeit des Übergangs, die sehr unangenehm und kaum auszuhalten ist. Leider ist es aber ein notwendiger Abschnitt unseres Lebens, in dem das alte Leben nicht mehr funktioniert und das neue Leben noch nicht greift. Übergänge sind kritische Zeiten, weil sie Wendepunkte in eine Zukunft darstellen, von der wir nicht wissen, wie sie sein wird. Das macht uns Angst und wir fühlen uns unsicher. Daher ist das erste Trauerjahr besonders aber auch die Zeit danach oft kaum zu ertragen. Wir können uns diesem Gefühl, uns im freien Fall zu befinden, kaum entziehen, sind aber doch gezwungen, es auszuhalten und auf Besserung zu vertrauen. In den allermeisten Fällen gelingt dies auch. Ein hohes Maß an Geduld mit sich selbst und der Situation ist hier ein guter Begleiter.

Streit und Unmut in der Familie

Auf die vielen kleine Hindernisse des gegenseitigen Verständnisses im Falle eines Todes bin ich bereits eingegangen. Wir haben nicht nur alle unser eigenes Tempo, eigene Schwingungen und eigene Geschichten, sondern auch eine eigene Herangehensweise, wie wir mit Veränderungen im Leben umgehen.

Komplikationen, Missverständnisse und Verletzungen sind also vorprogrammiert. Sehr schwierig wird es jedoch, wenn es nach dem Tod eines geliebten Menschen in der Familie um Geld und um Schuld geht. Oft werden der Kampf ums Erbe und Schuldzuweisungen vermischt.

Wo bleibt die Gerechtigkeit?

Gar nicht so lange nach einem Todesfall erblicken plötzlich Geschichten das Licht, von denen keiner in der Familie wusste oder jeder nur einen kleinen Teil. Wasserdichte Testamente werden angefochten, es gibt Streit um Großes und Kleines. Selbst wenn es um ein Erbe geht, bei dem alle Beteiligten großzügig bedacht werden, sogar lebenslang ausgesorgt oder mehr als genug eigenen Besitz haben, wird gestritten, als ob ein Leben davon abhinge. Dabei wird oft in einer Weise für Anwälte, Notare und Gerichtsprozesse Geld ausgegeben, Zeit vergeudet und Unverzeihliches gesagt oder getan, dass es in keinem Verhältnis zum Wert der Sache steht. Plötzlich drängen sich Fragen in das eigene Leben, von denen wir nach dem Verlust unseres geliebten Menschen weit, weit entfernt sind. Soll ich mich versöhnlich und nachgiebig zeigen? Muss ich dann damit rechnen, dass immer noch mehr gefordert wird? Bleibe ich hart, reibe ich meine geringe Kraft in Auseinandersetzungen und Familienzerwürfnissen auf. Betroffene Trauernde berichten immer wieder, dass selbst bei größter Mühe und Gerechtigkeit der Zank und Neid um sich greift.

Kurz gesagt: Kommt es zu Streit in der Familie nach einem Trauerfall, dann geht es drunter und drüber und dies scheint sich auch nicht mehr stoppen zu lassen. Mit Trauer hat das aus meiner Sicht oft nichts zu tun. Die Menschen, die wirklich trauern, haben allerdings sehr darunter zu leiden, wenn Neid und Missgunst um sich greifen. Keine Anschuldigung scheint zu weit hergeholt, die merkwürdigsten Argumente werden bemüht, um sich vom Nachlass das zu nehmen, von dem man glaubt, dass es einem zusteht.

Nehmen, statt zu geben?

Beispielsweise ist der Opa gestorben. Schon kommt die Verwandtschaft bei der Oma zu Kaffee und Kuchen vorbei und beginnt erst unauffällig, später dann direkter nach diesem und jenem zu fragen, was die Oma ja nun, wo der Opa tot ist, nicht mehr braucht. Das mag vielleicht sogar stimmen, aber für die trauernde Person geht das häufig zu schnell und klingt zu gierig. Es schwingt bei der »höflichen« und »vorsichtigen« Nachfrage oft im Unterton etwas mit, was zu verstehen gibt, dass ein Nein sehr ungnädig aufgenommen werden würde. Es kommt wohl auch vor, dass das eine oder andere ohne zu fragen mitgenommen wird, manchmal ganz unverfroren vor den Augen derer, denen es eigentlich gehört oder die nun zu bestimmen haben, was damit passiert. Waren dann die einen schneller, gibt es von den anderen Vorwürfe, warum sie denn nicht gefragt worden sind, denn es ist klar: Es geht hier meist nicht um kleine persönliche Andenken und Erinnerungsstücke, sondern um die vermeintlich wertvollen Dinge. Es ist für die Trauernden eine unerträgliche Situation, einen geliebten Menschen verloren zu haben und sich nun mit würdelosen und unangemessenen Streitigkeiten auseinandersetzen zu müssen.

Dies ist nur ein Beispiel, von dem es viele verschiedene Varianten gibt, die Sie hier stellvertretend einsetzen können. Trauernde fühlen sich oft hilflos und verletzlich und ohne den geliebten verstorbenen Menschen besonders allein. In der Situation neigen sie dazu, den Versuchen der Verwandten, an Dinge zu gelangen, die ihnen einfach nicht oder noch nicht zustehen, zu leicht nachzugeben. Sie befürchten zudem, am Ende auch noch von den Verwandten verlassen zu werden. Und für die Auseinandersetzungen, die ein Nein meist hervorruft, haben Trauernde keine Kraft.

Die Kontrolle über den letzten Wunsch

Ob diese Dynamik, dass sich Personen sofort an Teile der Hinterlassenschaft eines Verstorbenen hängen, verständliche Ursachen hat oder einen Sinn ergibt, sei dahingestellt. Wesentlich für den Trauernden ist in diesem Zusammenhang, dass er unter Umständen auch hier Kontrolle verliert – die Kontrolle darüber, was mit dem Erbe geschieht. Es kann einige Zeit dauern, bis bemerkt wird, dass dem einen oder anderen aus der Familie der letzte Wille des Verstorbenen nicht passt und möglicherweise die Wünsche der Lebenden, die nun das Sagen haben, nur eine untergeordnete Rolle spielen.

Ich kenne mich im Erbrecht nicht aus und kann Ihnen dahingehend keine Tipps geben. Worauf ich hinausmöchte, ist, dass Sie sich auf solch ein Szenario so früh wie möglich vorbereiten und sich seelisch dafür wappnen. Prüfen Sie genau und ehrlich, von wem im Umfeld Sie Ärger zu erwarten haben, und fragen Sie sich, ob Sie nicht auf den weiteren Kontakt zur Not auch verzichten können. Sich vorab die Frage zu beantworten, wie sehr Ihnen am weiteren Kontakt liegt, dient dazu, dass Sie eine innere Haltung und Klarheit entwickeln. Diese hilft Ihnen und sie kann auch bei den anderen schon im Voraus zu mehr Zurückhaltung und Vorsicht führen. Falls das als Schutz nicht ausreicht, sind Sie aber im Reinen mit sich und wissen, Sie können es auf eine Auseinandersetzung ankommen lassen, ohne Angst vor den möglichen Folgen zu haben. So hart es auch klingt: Auf solche Menschen können Sie verzichten.

Auch dieses ist ein großes Feld, das nur mühsam zu bearbeiten ist. Sie mögen berechtigterweise sagen, Sie haben zu wenig Kraft dafür. Sie können aber auch die Zügel der Erbschaftsstreitigkeiten in die Hand nehmen, Listen erstellen, mit Punkten, wer, wann, was und wie viel bekommt, und das als das Ergebnis Ihrer Einsichten über die Wünsche des Verstorbenen allen Betroffenen mitteilen. So verhindern Sie, dass zu viel über dies und jenes spekuliert und fantasiert wird und sich zu hohe Erwartungen aufbauen. Und es ist ein weiterer Schritt dahin, wieder mehr Kontrolle über das eigene Leben zu erlangen. Natürlich ist nicht davon auszugehen, dass die Verwandtschaft Ihre Wünsche allesamt klaglos akzeptiert. Es soll hier aber auch nicht darum gehen, all den Wünschen anderer nachzugeben, sondern darum, den Nachlass des Verstorbenen würdig zu verwalten und zu verteilen. Das ist Ihre Aufgabe.

Suchen Sie auch hier nach Verbündeten, die Sie zu Rate ziehen können. Wenden Sie sich an Vertraute, von denen Sie wissen, dass es ihnen nicht um ihren eigenen Vorteil geht und die Ihnen auch in Ihrer Trauer verbunden sind. Wenn ein Erbschaftsstreit entbrennt, ist es ja nicht nur schmerzlich, dass und wie gestritten wird; es ist auch schwer zu ertragen, dass darüber der Tod des geliebten Menschen in Vergessenheit gerät beziehungsweise dass das Ende seines Lebens mit Streit überschattet wird.

Affirmation
Nur für den Moment lasse ich all die Probleme hinter mir und hülle mich in warmes weiches Licht, dass mich mit Liebe umgibt und mir Kraft gibt.

Kapitel 5: Schlaflosigkeit, Konzentrationsschwäche und Gedächtnislücken

In der Trauerzeit können Phänomene auftreten, die den Trauernden stark beeinträchtigen: dazu gehören Schlaflosigkeit, Konzentrationsschwäche und Gedächtnislücken. Auf diese werde ich im Folgenden eingehen. Ebenso können körperliche Symptome und seelische Ausnahmezustände auftreten. Da diese gravierender sind und andere Ursachen haben, werde ich sie im Kapitel 6: »Krankheit und Erschöpfung« näher besprechen.

Unsere Seele ist damit beschäftigt, um den Verstorbenen zu trauern und den Verlust zu verarbeiten. Außerdem sind unzählige Dinge zu bewältigen und zu erledigen. Kein Wunder also, wenn unser Gehirn vollauf damit beschäftigt ist und wir für den Alltag nicht mehr viel Leistungsvermögen bereithalten können. Denn im Hintergrund läuft permanent das Trauerprogramm, das wichtig dafür ist, dass wir unser Leben, unser Denken und unser Fühlen nach und nach an die neue Situation anpassen. Wir müssen erkennen, dass wir die eingetretenen Pfade nicht mehr gehen können, und neue gehen. Das bedeutet eine riesige Havarie für unseren gesamten Organismus. All die Handlungen, die wir gerne im Zusammenhang mit dem anderen bewerkstelligt haben, fallen weg, sie laufen ins Leere. Das ist mit starken seelischen Schmerzen verbunden, und die Tatsache, dass uns das Leben, das wir bisher gelebt haben, entzogen wurde, kann durchaus kritische Zustände in uns hervorrufen. Kein

Wunder also, dass wir uns nicht mehr wie gewohnt konzentrieren können, unser Gedächtnis gelegentlich überstrapaziert ist und es oft nachts so sehr in uns arbeitet, dass wir schlecht schlafen, morgens gerädert aufwachen oder belastende Träume haben.

Wenn Sie nicht gut schlafen können

Für Schlafprobleme gibt es verschiedene Ursachen. Ist medizinisch abgeklärt, dass keine körperlichen Erkrankungen vorliegen, können belastende oder traumatische Ereignisse zugrunde liegen. Infolge des Todes eines geliebten Menschen kommt es häufig zu Schlafproblemen; dass Sie nicht gut schlafen können, ist also nicht ungewöhnlich. Doch hier gibt es natürlich keine Regelhaftigkeit, ob, wann und wie lange sich der Verlust auf den Schlaf auswirkt. Es gibt auch Trauernde, die immer schon einen guten, tiefen und erholsamen Schlaf hatten und diesen weiterhin haben. Dies muss sich nicht zwangsläufig durch einen Trauerfall verändern. Viele Trauernde haben jedoch verstärkt mit Einschlaf-, Durchschlaf- und Ausschlafproblemen zu tun.

Unser Leben besteht zu etwa einem Drittel aus Schlaf. Während des Schlafs werden die Erlebnisse und Informationen des Tages verarbeitet und neu erlernte Fähigkeiten vertieft. Die durchschnittliche nächtliche Schlafzeit beträgt rund acht Stunden, wobei die tatsächliche Schlafzeit natürlich völlig individuell auch deutlich mehr oder weniger lang sein kann. Ab dem Alter von etwa 50 Jahren nimmt das Schlafbedürfnis bei vielen Menschen ab. Sechs Stunden werden oft als ausreichend empfunden.

Im Schlaf verarbeiten wir Ereignisse des Tages. So könnte man annehmen, dass wir in der Trauerzeit besonders viel schlafen, weil wir enorm viel zu verarbeiten haben, dennoch geschieht oft das Gegenteil. Eine Erklärung für die häufig auftretende Schlaflosigkeit könnte sein, dass gerade die Tatsache, dass wir im Schlaf Erlebnisse verarbeiten und neu erlernte Fähigkeiten vertiefen, uns vom Schlafen abhält. Denn es ist genau das, was wir nicht wollen: den Tod des geliebten Menschen realisieren, akzeptieren und verarbeiten.

Einschlafprobleme: In der Trauerzeit sind wir abends meistens unglaublich müde. Uns fallen vor Müdigkeit fast die Augen zu und wir wollen nur noch ins Bett. Sobald wir dann aber im Bett liegen, sind wir sofort wieder hellwach und an Schlaf ist vorerst nicht zu denken. Viele kennen dieses Phänomen. In den nächsten Stunden wälzen wir uns im Bett herum, werfen uns ruhelos hin und her. Die Gedanken kreisen und drehen sich um all die Dinge, die am Tage passiert sind, und natürlich immer wieder um den Verstorbenen.

Durchschlafprobleme: Sind wir irgendwann weit nach Mitternacht endlich eingeschlafen, schrecken wir bereits nach kurzer Zeit aus dem ersehnten Schlaf wieder auf, meist mit einem bewegenden Traum. Anschließend fällt es wegen der großen Angst, erneut einen Albtraum zu haben, noch schwerer, wieder einzuschlafen.

Ausschlafprobleme: Für viele bedeuten Ausschlafprobleme, dass für sie die Nacht schon gegen 4 Uhr morgens zu Ende ist. In der Trauerzeit, in der die Tage sehr beschwerlich sind und ohne den geliebten Menschen endlos erscheinen, ist es besonders schwer, wenn diese Tage auch noch sehr früh beginnen. Zu einer Zeit, in der die meisten sich wohlig noch einmal auf die andere Seite drehen und dabei ihren geliebten Menschen ganz selbstverständlich in den

Arm nehmen können, fühlen wir uns vollkommen verlassen. Von einer unruhigen und anstrengenden Nacht erwacht, müssen wir realisieren, dass ein weiterer endloser Tag ohne den geliebten Menschen beginnt.

Albträume: Viele Trauernde haben kurze Schlafphasen, in denen sie von ihrem Verstorbenen träumen, und wachen schweißgebadet, erschrocken und verwirrt davon auf. Das sind manchmal nicht nur Träume, in denen wir uns an den Verstorbenen erinnern, sondern leider auch Albträume, in denen wir den Verstorbenen rufen hören, ihn sehen, aber nicht zu ihm können, obwohl wir es mit aller Kraft versuchen. Vielleicht sehen wir den Verstorbenen in unseren Träumen in einer gefährlichen oder unerträglichen Situation. Wir können ihm nicht helfen und fühlen im Traum eine große Verzweiflung darüber, die uns oft nach dem Aufwachen für den Rest des Tages begleitet und beutelt. Wenn es Träume dieser Art gibt, ist es erklärlich, dass wir uns nicht mehr trauen, einzuschlafen, da wir diese Gefühle, die uns quälen, nicht immer wieder erleben wollen.

Gedankenkarussell: Sind wir mit unseren Gedanken einmal in einer Endlosschleife gelandet, ist es schwer, wieder hinauszukommen. In der Nacht kreisen wir immer wieder um unlösbare Probleme und Fragen, auf die wir keine Antworten bekommen. Was hätte ich anders tun können? Hätte ich bloß ... Wie soll es weitergehen? Werde ich in der Wohnung/im Haus bleiben können? Wie finde ich ein neues Zuhause? Wie geht es meinem geliebten Menschen, dort, wo er nun ist? Wieso passiert mir das? Was will mir das Schicksal damit sagen? Warum musste gerade dieser Mensch sterben? Wieso so früh? Wieso auf diese Weise? Wie hätte ich es verhindern können? Wer ist schuld? Wenn der Partner verstorben ist und man Kinder hat: Wovon soll ich meine Kinder und mich ernähren? Wie kann ich ihn ersetzen? Wie kann ich meinen Kindern weiter ein guter Elternteil sein? Wie kann ich ihnen in dieser schwierigen Situation helfen? Hinzu kommt auch die Verarbeitung des Alltags, der nun unter Umständen auch daraus besteht, dass Menschen mit verletzlichen oder ärgerlichen Ratschlägen, Bemerkungen und Hinweisen auf uns zukommen. So wird für uns die Nacht zum Tag.

Das Gehirn versucht fieberhaft unsere Probleme zu lösen. Das ist eigentlich eine fantastische Einrichtung, doch wir brauchen auch Entspannung und Schlaf. Wir können versuchen, das Kreisen der Gedanken zeitweilig zu unterbrechen, indem wir uns verdeutlichen, dass wir heute nichts mehr geregelt bekommen und morgen viel schlechter an der Problemlösung arbeiten können, wenn wir nicht ausgeschlafen sind. Menschen, die Schlafprobleme haben, wissen natürlich, dass das nicht so einfach funktioniert. Genauso sollte uns aber klar sein, dass wir in Krisenzeiten davon ausgehen müssen, uns nicht wie gewohnt ins Bett zu legen und einfach einzuschlafen. Jetzt sind Sie in einer Phase, in der gesunder Nachtschlaf eine besondere Aufmerksamkeit und Vorbereitung benötigt.

Wer keine Hilfsmittel oder Entspannungsübungen versuchen möchte, kann, sobald er merkt, dass das Gedankenkarussell sich dreht, versuchen, einen Gedankenstopp zu erreichen. Dies kann beispielsweise mit einer Affirmation wie dieser gelingen:

Affirmation »Gedankenstopp«

Liebes Gehirn, ich bin sehr froh, dass du für mich da bist und versuchst, meine Probleme zu lösen. Heute können wir nichts mehr ausrichten. Wir brauchen aber den erholsamen Schlaf, damit wir uns morgen wieder mit voller Kraft den zu lösenden Problemen widmen können. Daher bitte ich dich, die Verarbeitung des Tages im Schlaf zu erledigen, damit wir Ruhe und Erholung erleben, Altes verarbeiten können und morgen wieder neue Kräfte und Kapazitäten für Gutes und Schwieriges zur Verfügung haben.

Veränderter Tag-Nacht-Rhythmus

Durch die Schlafprobleme in der Nacht sind wir tagsüber müde und schlafen eventuell erst gegen Morgen ein, machen einen etwas ausgedehnteren Mittagsschlaf oder es fallen uns schon am späten Nachmittag für eine Weile die Augen zu, was dazu führt, dass wir nachts erst recht wachliegen. In der Trauerzeit stellt sich leicht eine Veränderung des Tag-Nacht-Rhythmus ein, die von Tag zu Tag durch die Gewohnheit, tagsüber zu schlafen, größer wird. Sicherlich ist es besser, auch mal am Tag zu schlafen, als überhaupt nicht zur Ruhe zu kommen, dennoch sollten Sie im Auge behalten, dass Sie so Ihren gewohnten Schlafrhythmus durcheinanderbringen. Wenn es Ihnen also möglich ist, tagsüber wachzubleiben, könnte das helfen, nachts wenigstens ein paar Stunden Schlaf zu finden.

Einschlafhilfen

Auch wenn wir tagsüber versuchen, den Schlaf aufzuholen, sammeln wir von Tag zu Tag einen größeren Schlafmangel an, der uns nicht guttut. Daher halte ich Einschlafhilfen für ratsam. Probieren Sie aus, was Ihnen liegt, und finden Sie heraus, was Ihnen guttut und hilft.

- Bachblütenmischungen speziell für die Nacht sind in Drogerien und Apotheken erhältlich.
- Schlaf- und Nerventees gibt es in Drogerien und Apotheken.

- Hopfen- und Baldriantropfen oder Tabletten sind in Drogerien und Apotheken erhältlich.
- Leichte Schlafmittel erhalten Sie in der Apotheke (nicht verschreibungspflichtig).
- Homöopathische Kügelchen für die Nacht bewähren sich bei Unruhe, Nervosität und Einschlafstörungen.
- Probieren Sie auch heiße Milch mit Honig oder eine Trinkschokolade mit Vollmilchschokolade, einschlaffördernden Kräutern, Mineralien und Gewürzen.
- Entspannungsübungen wie Meditation und Autogenes Training können Sie tagsüber praktizieren.
- Es gibt ein Angebot von Einschlaf- und Hypnose-CDs und auch Apps, die Sie direkt vor dem Einschlafen nutzen können. Ich selbst biete speziell zu Schlaflosigkeit in der Trauer eine CD »Erholsamer Schlaf« an.[3]
- Wenn alles nicht hilft, sollten Sie mit Ihrem Arzt darüber sprechen und sich eventuell ein Schlafmittel verschreiben lassen, damit sie wenigstens ab und zu Erholung und Ruhe in der Nacht finden. Fahren Sie kontinuierlich damit fort oder sobald Ihr Leben wieder in etwas ruhigeren Bahnen verläuft, mit den oben angeführten, nicht medikamentösen Methoden einen guten Schlafrhythmus zu finden.

Traumreise »Erholsamer Schlaf«

Die Vorgänge in unserem Inneren, die uns in der Trauer von unserem gesunden und wichtigen Schlaf abhalten, sind immens stark. Viele Trauernde verzichten dennoch auf Schlafmittel. Daher habe ich eine sanfte Traumreise entwickelt, die Sie täglich als Einschlafhilfe verwenden können.

Diese Traumreise können Sie sich auch anhören und sie steht Ihnen als Download zur Verfügung unter: http://www.herder-de/spezial/61368-schlaf/

Wieder ist ein langer Tag ohne deinen geliebten Menschen zu Ende. Du bist müde und erschöpft und vermutlich liegt wieder eine endlose und schlaflose Nacht vor dir, in der deine Gedanken kreisen und keine Ruhe finden.

Du fühlst dich alleine und du weißt nicht, wie es deinem geliebten Menschen geht. Fühlt er sich geborgen und in Sicherheit? Fühlt er sich wohl, frei von Schmerzen und von Sorgen? Was wird aus dir werden? Wirst du deinen Weg auch ohne deinen geliebten Menschen schaffen, und wer wird dir dabei zur Seite stehen?

Sobald du dich müde ins Bett legst, spürst du, wie der ersehnte Schlaf und die Unruhe gegeneinander kämpfen. Es scheint so, als könntest du auf diese erschöpfte und verzweifelte Wachheit keinen Einfluss nehmen. So ist es aber nicht. Du wirst dich gleich entspannen, damit du einschlafen kannst. Dein Schlaf wird erholsam sein und dir unterstützende Träume für den nächsten Tag und die nächste Zeit bringen. Wenn du morgen früh aufwachst, wirst du spüren, dass du nachts nicht alleine warst, und auch am Tag wirst du dich mit dir und der Liebe verbunden fühlen, die dir Kraft gibt, deine Trauer und deinen Alltag durchzustehen.

Du bist nun also für die Nacht und den erholsamen Schlaf vorbereitet. Alles ist erledigt, du brauchst jetzt nur noch dein müdes Haupt auf dein Kissen zu legen, dich zuzudecken, das Licht zu löschen und dich vertrauensvoll in die Arme eines tiefen und heilsamen Schlafes zu begeben.

Dazu schließt du nun die Augen und beginnst auf deinen Atem zu achten. Egal was in der letzten Zeit passiert ist, du hast immer weitergeatmet. Dein Atem hat dich immer begleitet und tut es auch jetzt. Er ist für dich da, um dich mit Sauerstoff zu versorgen, damit dein Körper funktioniert. Wenn du aber auf deinen Atem achtest, kann er dich auch beruhigen und entspannen. Du kannst dich nur auf dich konzentrieren und im Hier und Jetzt ankommen. Sobald du ganz bei dir bist, wirst du ganz leicht in Kontakt zu deinem geliebten Menschen kommen können, der dir versichert, dass es ihm da, wo er nun ist, gut geht und er deinen heilsamen Schlaf bewacht.

Deine Augen sind geschlossen und du beginnst damit, deinen Körper durchzuscannen. Am Ende dieses Prozesses, wirst du entspannt und voller Vertrauen eingeschlafen sein.

Du beginnst bei deinen Füßen, die dich durch diese ganze schwere Zeit tragen. Sie erden dich und sorgen dafür, dass du mit dem Hier und Jetzt verbunden bleibst. Wie fühlen sich deine Füße an? Sind sie warm oder kalt? Sind sie verkrampft? Kannst du sie spüren? Versuche nun, deinen Atem in deine Füße zu lenken. Erst atmest du in den linken Fuß, dann in den rechten. Nun in beide. Du atmest ein – aus, ein – aus, ein – aus.

Dann nimmst du deine Waden dazu. Möglicherweise sind sie verkrampft von den vielen Wegen, die du nun allein gehen musst, ohne dass du das willst.

Atme erst in die linke Wade und dann in die rechte. Nun in beide. Du atmest ein – aus, ein – aus, ein – aus.

Deinen Knien wurde in der letzten Zeit viel Demut abverlangt. Sie sind sicherlich müde und brauchen eine kleine Pause, damit sie morgen wieder weiter Demut für dich üben können. Also atmest du besonders liebevoll erst in das linke Knie und dann in das rechte. Nun in beide. Du atmest ein – aus, ein – aus, ein – aus.

Deine Oberschenkel. Sie sind stark und tragen dich jeder Zeit wohin du willst. Du kannst dich auf sie verlassen. Dankbar atmest du erst in den linken Oberschenkel und dann in den rechten. Nun in beide. Du atmest ein – aus, ein – aus, ein – aus.

Deine Hüften. Sie halten alles zusammen und das ist gerade in diesen Zeiten ganz wichtig. Konzentriere dich darauf, wie stark sie sind und wie sehr sie dich tragen. Atme erst in die linke Hüfte und dann in die rechte. Nun in beide. Du atmest ein – aus, ein – aus, ein – aus.

Dein Bauch, der in letzter Zeit so viel Neues und Schweres zu verdauen hatte. Gib ihm eine Pause, damit er morgen weiter verdauen kann, was dir das Leben zurzeit so schwer macht. Du atmest ein – aus, ein – aus, ein – aus.

Dein Brustkorb fühlt sich wahrscheinlich in letzter Zeit ganz eng und eingeschnürt an. Dein Herz darin ist dir schwer. Dein Brustkorb hat alle Mühe, dein Herz zu halten, damit es nicht entzweibricht. Atme nun besonders behutsam in deinen Brustkorb und in dein Herz hinein. Dein Herz braucht Halt und darf diesen im Hier und Jetzt in deiner Brust finden. Atme ein und denke »Ich«, atme aus und denke »bin«. Ein – »Ich«, aus – »bin«. »Ich« – »bin«. »Ich« – »bin«.

Dein Rücken ist vom vielen Leid ganz verhärtet. Ein Panzer hat sich gebildet, um den Schmerz abzufedern. Das schützt, aber es macht auch eng. Du brauchst mehr Weite, um mit deinem geliebten Menschen in Verbindung zu bleiben. Daher atme jetzt ganz sanft in deinen Rücken, damit er dir zwar Schutz bietet, aber auch wieder ein klein wenig weiter wird und dir mehr Raum zum Atmen lässt. Du atmest ein – aus, ein – aus, ein – aus.

Deine Arme und Hände haben in letzter Zeit viel gehalten und erledigt. Es fehlt ihnen, den geliebten Menschen zu streicheln und zu berühren, Dinge für ihn zu erledigen, die ihn erfreuen. Den Handreichungen, die sie jetzt noch tun, fehlen die Freude, das Glück und die Motivation. Mit jedem Atemzug dürfen Handlungen, die du gerne tust, wieder ihren Platz bekommen. Du atmest ein – aus, ein – aus, ein – aus.

Deine Schultern, sie sind verspannt und tragen so viel, ohne zu wissen, wann das aufhört und endlich Ruhe und Frieden wieder zu dir finden können. Während du in deine Schultern atmest, verspürst du Dankbarkeit für deinen ganzen Körper, dass er dich bis hierhin getragen hat und er dich noch weiter tragen wird. Auf ihn ist Verlass. Auf dich ist Verlass. Du atmest ein – aus, ein – aus, ein – aus.

Dein Nacken hat viele Schläge des Schicksals in der letzten Zeit abgefangen. Er federt so vieles ab, obwohl der Nacken die fragilste Stelle des Körpers ist. Deine nächsten Atemzüge sind ganz deinem Hals- und Nackenbereich gewidmet. Du hast viel aushalten und schlucken müssen. Mit jedem Atemzug öffnest du dich dafür, auch wieder Schönes in dich aufzunehmen. Du atmest ein – aus, ein – aus, ein – aus.

Deine Ohren mussten in letzter Zeit schlimme Nachrichten aufnehmen. Diese Nachrichten klingen noch immer nach. Mit jedem Atemzug werden sie jetzt leiser und leiser und verhallen nach und nach ganz, damit auch wieder schöne Neuigkeiten zu dir durchdringen können. Du atmest ein – aus, ein – aus, ein – aus.

Deine Augen mussten vieles sehen, was du dir nie ausmalen konntest und wolltest. Sie sind müde und werden trüb von all dem Leid, das sie sehen mussten. Dein Atem wischt die Bilder davon, um Platz für neue schöne und positive Bilder zu schaffen. Du atmest ein – aus, ein – aus, ein – aus.

Deine Stirn ist voller Falten von all den Sorgen, die dich in der letzten Zeit begleitet haben. Du hast ihnen nun lang genug bei dir ein Zuhause gegeben, jetzt dürfen sie sich mit jedem Atemzug auflösen. Das schafft Platz für glückliche Momente. Du atmest ein – aus, ein – aus, ein – aus.

Du bist nun entspannt und dein Körper bietet deiner Seele einen Ort, an dem sie sich sicher und geborgen fühlt. Sie ist nun offen und bereit, im Traum deinen geliebten Menschen zu treffen und ein wenig gemeinsame Zeit zu erleben. Mit jedem Atemzug spürst du deinen geliebten Menschen in deinem Herzen und während du ganz sanft in einen erholsamen Schlaf hinübergleitest, atmest du ein – aus, ein – aus, ein – aus. Ein – aus. Ein – aus.

Wenn Sie sich nicht konzentrieren können

Wundern Sie sich nicht, wenn Sie sich nicht mehr lange konzentrieren können. Sie stellen beispielsweise beim Lesen eines Buches nach einer gelesenen Seite fest, dass Sie sich nicht daran erinnern können, um was es ging. Eventuell geht Ihnen das schon so mit einzelnen Sätzen. Auch wenn Sie die Sätze wieder und wieder lesen. Beim Fernsehen starren Sie auf den Bildschirm, ohne die Handlung des Filmes oder des Beitrags wirklich zu verfolgen oder zu erfassen. Bemerkbar macht sich dieses Phänomen auch bei Treffen mit Freunden und bei Besprechungen bei der Arbeit. Müssen Sie für eine Prüfung lernen, ist es vermutlich kaum möglich, sich das Gelernte zu merken. Oft können Sie nur wenige Minuten aufmerksam einem Gespräch folgen. Die Gedanken schweifen ständig ab und Sie fühlen eventuell eine große Erschöpfung und Müdigkeit.

Es ist ähnlich wie bei den Schlafproblemen: die Konzentrationsschwäche resultiert aus verschiedenen Faktoren, die sich nach dem Tod eines geliebten Menschen ergeben. Für viele ist es sehr schmerzhaft, dass die Alltagsgespräche nicht vom Verstorbenen handeln. Die Personen in Ihrem Umfeld gehen gerne mit Belanglosigkeiten über dieses schwierige Thema hinweg, sprechen lieber anderes an, bloß nicht die Trauersituation, und trauen sich nicht, die Erinnerungen an den Verstorbenen zu teilen. In Ihrer Trauer haben Sie natürlich keinerlei Interesse an Gesprächen mit Inhalten, die Ihnen oberflächlich erscheinen. Sicherlich sind Sie noch daran interessiert, wie es den anderen geht und was sie erleben. Ist der Gesprächsanteil über Ihre Situation aber sehr klein oder kommen Sie und Ihre Situation gar nicht vor, steigen Sie verständlicherweise mehr oder weniger unbewusst aus dem Kontakt aus. Denn über den Verstorbenen zu sprechen und sich an ihn zu erinnern würde

Ihnen guttun und Ihnen bei der Trauerarbeit helfen. Schade, wenn das Umfeld das nicht weiß und unterschätzt. Dasselbe geschieht, wenn Sie lesen oder Fernsehen schauen. Ihre Aufmerksamkeit kehrt eben immer wieder zu dem zurück, was Sie derzeit wirklich beschäftigt. Und so treten in jedem anderen Kontext immer wieder Konzentrationsschwächen zutage.

Am besten akzeptieren Sie das und verurteilen sich nicht selbst dafür. Denn damit würden Sie ja nichts ändern. Es ist eben in dieser Zeit so.

Wenn Sie vergesslich sind

Die eine Hand weiß nicht mehr, was die andere tut, und umgekehrt. Bei vielen Trauernden kommt es vor, dass sie vergesslich werden. Einmal handelt es sich um die Vergesslichkeit, die wir alle kennen: Ich wollte doch noch …, was war es denn nur …, wo hab ich es nur hingelegt …, wie hieß das noch? Diese Art der Vergesslichkeit ist uns bekannt, aber sie taucht nun in einem sehr viel höheren Maße, als wir es gewohnt sind, auf. Wir können uns eben nicht so gut konzentrieren.

Dann ist da aber noch eine andere Art Vergesslichkeit, die wir bisher so noch nicht kannten: Ein Gedanke taucht auf und bevor wir ihn erfassen oder ihn zu Ende denken können, verschwindet er wieder ins Nichts und wir können ihn auch nicht wieder zurückholen. Das ist ein sehr unangenehmes Phänomen, das manche befürchten lässt, dass sie nun dement oder verrückt werden. Dem ist natürlich nicht so. Auch hier gilt: Ihr Gehirn läuft derzeit auf Hochtouren wegen der Umprogrammierung von einem alten Leben zu einem anderen und benötigt dafür alle verfügbare Kapazität, damit es Ihnen so schnell wie möglich wieder besser geht. Dass dies viel mehr Zeit in Anspruch nimmt, als wir für möglich halten oder auch denken, aushalten zu können, ist klar. Dennoch handelt es sich hier um normale Trauerreaktionen, die ihre Zeit brauchen und die auch wieder verschwinden. Und auch hier reagiert jeder anders und geht in seinem eigenen Tempo weiter.

Traumreise »Innere Ordnung«

Damit Sie etwas für sich tun können, wenn diese Phänomene auftreten, finden Sie hier eine kleine innere Reise zur Entspannung und Regeneration.

Diese Traumreise können Sie sich auch anhören und sie steht Ihnen als Download zur Verfügung unter: http://www.herder.de/spezial/61368-ordnung/

Du steigst eine Wendeltreppe zu einem Hochplateau hinauf. Öffne eine Gartentür zu deinem inneren Garten. Sieh dich um und betrachte die Pflanzen und Tiere, die darin wohnen. Gibt es vielleicht einen Brunnen oder einen See? Hörst du Vogelgezwitscher? Scheint die Sonne? Du bemerkst die dahinziehenden Wolken am Himmel und gibst dich vertrauensvoll dem Fluss des Lebens hin. Blätter tanzen im Wind und lösen in dir Wohlgefühl und Geborgenheit aus. Vergänglichkeit ist die Konstante, auf die du dich verlassen kannst. Dein Charakter ist nur ein Bewusstseinsstrom. Ein Gedanke nach dem anderen taucht auf und zieht weiter. Du bemerkst diese Gedanken und gehst mit ihnen durch ein weiteres Tor in einen Zen-Garten.

So ungeordnet wie deine Gedanken kommt dir der Boden des Zen-Gartens vor. Im Sand und Kies sind überall Fußspuren und Laub liegt wild durcheinander herum. Du nimmst einen Holzrechen und fängst unten rechts in deinem Blickfeld an und arbeitest dich mit dem Rechen in Richtung oben links in Linien, Kreisen und Wellen durch den Zen-Garten.

Du wirst etwas müde und setzt dich entspannt auf einen großen Stein, um dein Werk in aller Ruhe und in Frieden zu betrachten. Du spürst, wie sich die Ordnung und der Frieden, die nun im Zen-Garten herrschen, langsam auf deine Gedanken und deine Denk- und Handlungsstruktur übertragen. Du merkst, dass du einen trockenen Hals hast und dass du durstig bist. Eine Melodie erklingt und du trinkst aus der leuchtenden Quelle, die neben dem Stein, auf dem du sitzt, entspringt. Das Wasser stillt deinen Durst und hilft dir gegen die trockene Kehle. Auch die klare Struktur des Wassers überträgt sich auf dich.

Immer wenn du das Bedürfnis nach Ordnung, Struktur und Konzentration hast, kannst du hierher zurückkehren. Nun wendest du dich dem Tor zu, durch das du gekommen bist, und kehrst langsam zu deinem Garten zurück. Sieh dich um, ob sich etwas verändert hat. Was hat sich verändert? Du öffnest das Gartentor und steigst die Wendeltreppe langsam hinab. Dabei bemerkst du die Veränderung in dir. Du fühlst dich strukturiert und klar.

Affirmation

Nur für diese Nacht erlaube ich mir einen Gedankenstopp, damit ich für ein paar Stunden Frieden finde, um Kraft für den nächsten Tag zu finden.

Kapitel 6: Krankheit und Erschöpfung

Unter dem Verlust unseres geliebten Menschen leidet nicht nur unsere Seele, sondern auch unser Körper. Wenn wir trauern, ist das für unseren Körper wie ein nicht endender Dauerlauf. Unser Körper ist nonstop im Stress. Einhergehend mit einer oftmals nicht so gesunden Ernährung, weil einem oft die Kraft und die Lust dazu fehlen, kommt es in der Trauerzeit häufig zu Erkrankungen. Deshalb gebe ich Ihnen auch hierzu im Folgenden einige Hinweise und Tipps.

Zu seelischen Belastungen gibt es bei den Krankenkassen ein Ranking. Auf Platz Nr. 1 ist der Tod eines Partners oder Kindes aufgelistet. Auf Platz 2 und Platz 3 liegen Arbeitsplatzverlust und Wohnungswechsel. Wenn wir davon ausgehen, dass in Deutschland jährlich circa 700 000 Menschen sterben und davon im Durchschnitt fünf bis sechs Menschen näher betroffen sind, heißt das, dass in Deutschland ständig etwa 5 Prozent der Bevölkerung um einen lieben und nahen Angehörigen trauern. Bei vielen Trauernden kommen leider die Umstände von Platz 2 und 3, Arbeitsplatzverlust und Wohnungswechsel, hinzu. Denn oft ist der Tod eines Partners die Ursache dafür, dass wir, da wir zeitweise nicht in der Lage waren, normal zu arbeiten, keinen Platz mehr in der Arbeitswelt haben und/oder unsere Wohnung oder unser Haus aufgeben müssen. Eine fatale Kombination, die viel Kraft und Konzentration erfordert, und häufig zu seelischer und/oder körperlicher Erkrankung führt.

Reaktive Depression / Anpassungsstörung

Was ehemals als reaktive Depression bezeichnet wurde, heißt heute Anpassungsstörung, da sie unmittelbar oder mit wenigen Wochen Verzögerung auf ein schwerwiegendes Ereignis wie dem Tod eines geliebten Menschen folgt. Die Symptome ähneln denen einer Depression. Dazu gehören Antriebslosigkeit, Erschöpfung, Schlafstörungen, Ängste und Mutlosigkeit. Diese Symptome verschwinden in der Regel nach einigen Wochen und Monaten wieder. Tun sie das nicht, sollten Sie unbedingt professionelle Hilfe in Anspruch nehmen. Bei einer Anpassungsstörung kann Ihnen vom Arzt ein leichtes Anti-Depressivum verschrieben werden, das stimmungsaufhellend und vor dem Schlafengehen eingenommen, schlafanstoßend wirkt. So kann vermieden werden, dass Sie in eine Abwärtsspirale geraten. Das passiert oft und daher ist die Gefährdung ernst zu nehmen.

Die Dringlichkeit von schulmedizinischer Behandlung ist von Fall zu Fall verschieden. So wichtig es für eine gesunde Trauer ist, dass Sie Ihre Gefühle durchleben und nicht durch Ablenkung oder Medikamente unterdrücken, so wichtig ist es aber auch, dass Sie sich nicht überfordern. Die Gefahr, sich unbewusst selbst aufzugeben und den Suizid irgendwann als einzige Lösung wahrzunehmen, ist groß. Diesen Balanceakt zwischen der Hinwendung zu den Trauergefühlen und der Ablenkung hinzubekommen, ist nicht leicht und hat viel mit Ausprobieren und Scheitern zu tun. Daher sollten Sie mögliche Misserfolge mit einplanen und es nicht überbewerten, wenn etwas nicht den gewünschten Erfolg bringt. Suchen Sie weiter und nehmen Sie professionelle Hilfe in Anspruch.

Menschen sind natürlich unterschiedlich stark anfällig für eine Anpassungsstörung. Doch auch seelisch an sich sehr stabile Menschen können, ausgelöst durch extreme Situationen, eine Anpassungsstörung bekommen. Ebenso sind wir unterschiedlich stark in der Lage, im Fall einer Anpassungsstörung dieser selbst oder mithilfe anderer entgegenzuwirken.

Möglicherweise haben Sie sich schon vor Beginn Ihrer Trauerzeit vernachlässigt, weil Sie damit beschäftigt waren, den Verstorbenen zu pflegen und Ihr Leben darauf zu konzentrieren, dass der geliebte Mensch nicht zu starke Schmerzen durch seine Krankheit oder zu große Angst vor dem Sterben hat. Dabei haben Sie sich und Ihre Bedürfnisse außer Acht gelassen. Schon in einer solchen Zeit leidet nicht nur die Seele, sondern auch der Körper. Da durch die Pflegesituation nicht viel Zeit zu sein scheint, sich gesund und bewusst zu ernähren, trifft die Trauer dann oft auf einen bereits angegriffenen und ausgelaugten Körper. In Fällen, in denen der Tod ganz plötzlich und überraschend eingetreten ist, setzt der Stress des Körpers am Unfall- oder Todestag auf ganz hohem Niveau ein. Weder Körper noch Geist und Seele hatten auch nur einen Moment Zeit, sich anzupassen oder sich zu verabschieden.

Nach langer Krankheitsbegleitung folgt, ebenso wie nach einem plötzlichen Todesfall, häufig als Reaktion auf die Beanspruchung eine Übersäuerung des Körpers. Diese trägt dazu bei, dass körperliches Unwohlsein und Krankheiten in der nächsten Zeit verstärkt auftreten.

Was wir mit unserer Ernährung bewirken können

Unsere Ernährung wirkt sich natürlich auf unsere Gesundheit aus. In der Trauerzeit spielt die Übersäuerung unseres Körpers eine große Rolle. Damit Sie hier gezielt etwas entgegensetzen können, lohnt es sich, sich mit den Vorteilen eines ausgeglichenen Basen-Säure-Haushalts zu befassen. Im Folgenden werde ich deshalb kurz darauf eingehen.

Die Ausgangsthese zu diesem Thema ist, kurz gefasst, dass nahezu alle Zivilisationskrankheiten auf eine zu saure Ernährung zurückzuführen sind. Der Körper versucht eine zu saure Ernährung durch basische Nährstoffe auszugleichen. Diese kann er meist nicht in ausreichendem Maß aus unserer Nahrung ziehen, da unsere Ernährung zu wenig basische Stoffe aufweist. Hier geht es viel um Mineralien, die unserer Ernährung fehlen. Um den Ausgleich dennoch zu leisten, bedient sich unser Körper der Mineralien unserer Knochen und Gelenke, was den Raubbau unserer Knochen zur Folge hat und zu Osteoporose und Arthrose führen kann.

In Hinblick darauf, was der Körper für einen ausgeglichenen Basen-Säure-Haushalt braucht, ernähren sich die meisten von uns nicht gesund. Beispielsweise Weißmehl, Zucker, Butter, womöglich in Form von Torten, Süßigkeiten, Fertigprodukte, Fleisch etc. übersäuern den Körper und sind von ihm nur auszugleichen, wenn wir zusätzlich Nahrung zu uns nehmen, die vor allem basisch ist oder Säuren bildet, die unser Körper braucht, wie etwa bestimmte Sorten von Obst, Gemüse, Kräutern, Gewürzen und Nüssen.

Viele Trauernde erhalten von ihren Hausärzten Schlafmittel und Anti-Depressiva. Auch diese übersäuern und belasten den Körper. Doch unter Umständen ist es wichtig, diese Medikamente zu nehmen, bis man sich wieder stabilisiert hat. Dann sollte man besonders gut darauf achten, den Basen-Säure-Haushalt auszugleichen. Sollten Sie chronische oder andere Erkrankungen haben, müssen Veränderungen im Ernährungsplan natürlich mit dem Hausarzt abgesprochen werden.

In ausgefeilten Tabellen werden basische und saure Lebensmittel aufgelistet; diese können Sie im Internet aufsuchen.[4] Für mich war der Blick auf die Liste der sauren und basischen Lebensmittel ernüchternd. So viele wirklich leckere Sachen, die wir sehr gerne essen, tun unserem Körper nicht gut. Außerdem sollte unsere Ernährung zu 70 bis 80 Prozent basisch ausfallen. Allerdings gibt es auch Lebensmittel, die »gute« Säuren im Körper bilden. Diese Nahrungsmittel gehören in den Ernährungsplan hinein im Gegensatz zu denen, die »schlechte« Säuren bilden.

Die Umstellung der Ernährung erfordert viel Aufmerksamkeit und Zeit. Die haben Sie natürlich in der Trauersituation, in der so vieles Sie beansprucht, nicht. Andererseits ist ein Körper, dessen Basen-Säure-Haushalt nicht ausgeglichen ist, gerade in der Trauersituation noch angreifbarer als ohnehin schon. So kommt es in dieser Zeit zu einer höheren Erkrankungsrate als sonst. Die Symptome werden dann mit Medikamenten bekämpft, auf die der Körper wiederum »sauer« reagiert. Und so können wir in eine klassische Abwärtsspirale geraten, von der es sich zu erholen immer schwieriger wird.

Wer also weder die Zeit, noch die Lust und die Kapazität hat, sich auf eine Ernährungsumstellung einzulassen, dem lege ich zur Unterstützung des Körpers nahe, sich in der Drogerie oder in der Apotheke Basenpulver zum Einnehmen zu besorgen. Es gibt im Reformhaus und im Bioladen auch Tees und Müslis, die basisch ausgerichtet sind. Zudem können Sie sich die Liste der »sauren« und »basischen« Nahrungsmittel auch einfach mal anschauen[5] und versuchen, ganz nebenbei kleine Veränderungen in Ihrer Ernährung vorzunehmen. Auch so geben Sie Ihrem Körper in der Zeit der enormen Trauerbelastung ein wenig Unterstützung.

Erschöpfung

Die Trauer macht sich oft auch als Erschöpfung von Körper, Seele und Geist bemerkbar. Gerade weil die Symptome von Erschöpfung als subjektiv wahrgenommen werden, ist es schwer, sie an sich selbst zu erkennen, sie zu verstehen und sie ernst zu nehmen. Ist die Ursache der vorangegangene Tod eines geliebten Menschen, so ist dies ein Umstand, den man nicht mehr verändern kann. Es bleibt lediglich der bewusste Umgang mit der Situation, Schonung seiner selbst und unendlich viel Geduld.

Die Erschöpfung wird auch als Selbstschutzmechanismus des Körpers und der Seele angesehen. Also ist sie ein deutlicher und wichtiger Hinweis auf den ernst zu nehmenden Zustand, in dem sich jemand befindet, wenn er um einen nahen Verwanden trauert. Leider reagieren die Trauernden selbst, aber auch das Umfeld mit Ungeduld und Unverständnis auf Symptome dieser Art. Wichtig sind jetzt Verständnis, Geduld und Schonung. Und sich zu schonen bedeutet nicht, sich nur noch zu bewegen, um das Nötigste zu erledigen. Denn dadurch würden Sie nur noch schwächer werden. Wie schonen Sie sich und halten Ihren Körper gut geölt am Laufen? In meiner Trauerzeit habe ich neben Ernährung und Entspannung auch das Thema »Bewegung in der Trauer« entdeckt und gute Erfahrungen damit gemacht, die ich hier gerne weitergeben möchte. Die nächsten Abschnitte handeln deshalb vom Yoga und vom Gehen.

Bewegung in der Trauer

Yoga

Nicht nur unser Gehirn und unsere Seele, sondern auch der Körper nimmt schlimme und traumatische Erinnerungen auf. Diese schlimmen Erlebnisse speichert er gewissermaßen in unseren Knochen, Gelenken und Muskeln. Für mich war sanftes Yoga eine wunderbare Art, meinen Körper vorsichtig wieder mit frischen und lebendigen Bewegungen »durchzulüften«. So durften sich die Verhärtungen und Verkrampfungen lösen, die, wenn ich sie unbeachtet gelassen hätte, bestimmt zu nachhaltigeren Beschwerden in späteren Jahren geführt hätten.

Mittlerweile gibt es auch Yoga-Studios und Yoga-Lehrer, die speziell zum Thema Trauer Kurse anbieten. Dabei geht es im Idealfall nicht um die Bewältigung der Trauer, sondern darum, dass die durch die Trauer erstarrten Körperregionen auf eine sanfte aber bestimmte und von uns selbst kontrollierte und gewählte Art wieder bewegt und belüftet werden, ohne den Zugang zu unserer Seele und den Schmerz zu verlieren. Da wir diejenigen sind, die noch am Leben sind, gilt es der Bewegung zum Leben hin zu folgen. Dies ist in der Trauerzeit oft sehr schwer, weil wir bei unserem geliebten Menschen verweilen möchten. Angeleitete Yoga-Übungen machen es uns leichter, uns wieder dem Leben zuzuwenden. Da es sich bei Yoga um eine Technik handelt, in der das eigene Bewusstsein gefördert wird, geht es hierbei auch nicht um oberflächliche Ablenkungen, um den Trauerschmerz zu übertünchen. Gerade im Yoga ist genug Platz für alle Gefühle und Befindlichkeiten. Zu spüren, dass unser Körper uns trägt, Übungen, die uns helfen, unsere verlorene Balance wiederzuerlangen, bewusste Atmung, die unseren eingeengten Brustraum wieder öffnet, sind alles Hilfsmittel, die uns auf unserem schmerzhaften

Weg in ein Leben ohne den geliebten Menschen begleiten können.

Gehen

Im Sport wird »Gehen« als Therapie bei Verletzungen eingesetzt. In meiner Trauerzeit konnte ich feststellen, dass dies auch für seelische Verletzungen hilfreich ist. Allerdings dachte ich zu Beginn und auch eine ganze Weile danach, dass ich wahrscheinlich einmal um den ganzen Erdballen herum werde gehen müssen, bis es langsam besser werden würde. Zum Glück musste ich nicht so weit gehen, möchte aber weiterhin die Art der Verarbeitung während ich »Gehe« nicht missen. Ich habe ganz bewusst das Gehen und nicht das Rennen oder Laufen gewählt. Diese Varianten kamen mir zu schnell und zu hart vor, um mit der Trauer umzugehen.

Auch beim Gehen liegt der Fokus darauf, nicht in der Starre zu verharren und sich stattdessen dadurch zu unterstützen, dass man selbst die Kontrolle über seine Bewegung in die Hand nimmt – sich in diesem Fall auf die Beine stellt und losgeht. Erst mal loszugehen, vielleicht ganz ohne Ziel und Motivation und anfangs erst zaghaft und nur für ein paar Minuten, einmal um den Block oder zum nächsten Park und zurück: Das Losgehen ist schon die Hälfte des Weges.

Beim Gehen die Gedanken und Gefühle kommen und gehen zu lassen ist ein wichtiger Prozess. Es ist ein Unterschied, ob die schweren Gefühle sich über einen stülpen, wenn man wie angewurzelt zu Hause sitzt, oder ob man sich dabei bewegt. Damit für die Verarbeitung genug Spielraum ist, ist es gut, dabei in seinem eigenen Tempo zu bleiben. Hilfreich kann außerdem ein Automatismus hinsichtlich Strecke, fester Zeit für das Gehen sein; Sie brauchen sich darüber keine Gedanken mehr zu machen, wenn er eingeübt ist, und das ist dem guten Weg der Trauer sehr förderlich. Es heißt nicht umsonst Trauerweg. Zögern Sie nicht und machen Sie sich auf diesen Weg – auf Ihren Weg in Ihrem Tempo, in der Landschaft, die Ihnen guttut, und möglichst bei Wind und Wetter, damit die Natur und ihre Kraft mit Sonne, Wind, Regen und Schnee Ihnen dabei helfen kann, wieder Ihre Umwelt wahrzunehmen und langsam Ihren durch die Trauer verengten Wahrnehmungsradius wieder zu erweitern.

Schreiben zum Ordnen der Gedanken, Gefühle und Tage

Das Aufschreiben ist grundsätzlich eine gute Art, schwere Erlebnisse zu verarbeiten. Doch die Gefühle der Trauer anderen gegenüber zu offenbaren fällt oft schwer; wenn Sie Ihre Gedanken und Ihre Gefühle aufschreiben, sind Sie jedenfalls sicher vor Reaktionen, die Sie sich nicht wünschen. Sie verarbeiten dabei Ihre Gefühle. Das Formulieren der Gefühle und Erlebnisse ordnet Ihre Gedanken.

Allerdings fehlt uns in der Trauerzeit oft die Motivation und die Konzentration, unsere Gefühle aufzuschreiben. Deshalb habe ich angelehnt an die Erfahrungen in meiner Trauerzeit ein Trauertagebuch entwickelt, das weniger das Schreiben und mehr das Strukturieren und Ordnen der Tage im Fokus hat. Auf meiner Website können Sie sich das Trauertagebuch anschauen und sehen, ob es für Sie ein gutes Hilfsmittel ist.[6]

Äußerlich anwendbare Hilfen

Zu den Mitteln, die ich selbst ausprobiert habe, damit ich durch die Trauerzeit komme, gehören unter anderem auch homöopathische Mittel, Bachblüten und Schüßler-Salze. Je nachdem, wie Sie dazu stehen, können Sie diese ebenfalls ausprobieren.

Homöopathie kann Ihnen bei der richtigen Wahl des Mittels dabei helfen, bestimmte Belastungen, die Ihr Leben zu sehr überschatten, besser zu verstehen und loszulassen. Dazu ist es ratsam, einen Homöopathen zu finden, der sich in diesem Bereich gut auskennt und vielleicht auch Erfahrung in der Behandlung von Trauernden hat. Doch auch hier gilt: Es gibt nicht das eine bewährte Trauermittel in der Homöopathie. Für jeden sollte das Mittel herausgearbeitet werden, das im Moment das hilfreiche ist.

Für die Anwendung von Bachblüten gibt es spezielle Trauermischungen, die es bereits vorgefertigt zu kaufen gibt. Empfehlen möchte ich Ihnen dennoch, auch einen Blick auf alle Bachblüten zu werfen, damit Sie herausfinden können, was Ihnen in Ihrer Situation am hilfreichsten erscheint. Sie können die Wahl und Kombination der Bachblüten selbst in die Hand nehmen. Zudem gibt es Mischungen in Drogerien und Apotheken, die das Einschlafen, Aufwachen und Durchhalten unterstützen. Ein Bachblüten-Rescue-Spray kann Ihnen gut über die Momente hinweghelfen, wenn alles zu eng und zu schmerzhaft wird oder eine Panikattacke droht.

Schüßler-Salze wirken mit einem ähnlichen Prinzip wie die basische Ernährung. Allerdings nicht, indem fehlende Mineralien dem Körper zugeführt werden, sondern durch die Gabe von Salzen, die helfen, die Depots, die der Körper für uns angelegt hat, nutzen zu können. Auch hier lohnt es sich, anhand weiterführender Literatur[7] tiefer in das Thema einzusteigen und mehr über sich selbst und die Vorgänge im Körper zu erfahren.

Natürlich gibt es noch wesentlich mehr Möglichkeiten, die Sie ausprobieren können, um in der Trauer Entlastung zu finden und die Seele und den Körper zu unterstützen. Genannt seien hier beispielsweise auch Heilkräuter, die Klopftechnik und die Hypnotherapie. Welchen Weg auch immer Sie verfolgen: Wichtig ist, dass er zu Ihnen passt, dass es Ihrer ist. Schon die Suche im Internet oder in Fachbüchern halte ich für eine hilfreiche Aktivität, denn sie beinhaltet, dass Sie sich auf den Weg machen, Ihr Leben in die Hand zu nehmen, auch wenn es ganz schwer ist und anmutet, dass es Sie überfordern könnte.

Für besonders wichtig halte ich auch die eigene Anerkennung der Trauer. Deshalb habe ich eine Traumreise entwickelt, die Sie gerne ausprobieren dürfen. Sie ist insbesondere für Trauernde gedacht, die ihren geliebten Menschen in einer Krankheit begleitet haben, doch auch anderen Trauernden kann sie helfen.

Traumreise »Du hast getan, was dir möglich war«

Diese Traumreise können Sie sich auch anhören und sie steht Ihnen als Download zur Verfügung unter: http://www.herder.de/spezial/61368-moeglich/

Du hörst meine Stimme, weil dir etwas widerfahren ist, dass dich schwer getroffen hat. Etwas, womit du dich kaum abfinden kannst. Es macht dein Herz so eng. Du fühlst dich hilflos, verlassen und allein. Du fragst dich immer wieder, wie du es hättest verhindern können, und überlegst, was du hättest anders machen sollen. Deine Tage scheinen dir sinnlos und deine Nächte sind unruhig und quälend. Du sehnst dich danach, dass dein Leben wieder wie früher sein darf. Du wünschst dir inneren Frieden.

Du hörst meine Stimme, weil du das, was dir widerfahren ist, nicht wahrhaben willst. Du willst nicht akzeptieren, dass dein geliebter Mensch gestorben ist und du nun den Rest deines Lebens ohne ihn verbringen musst. Dieser Verlust hat dir das Gefühl gegeben, dass dein Leben außer Kontrolle ist. Dinge, die geschehen, liegen nicht in deiner Hand und nicht in deiner Entscheidung. Dein Leben wurde auf eine Art und Weise verändert, in die du niemals und unter keinen Umständen eingewilligt hättest.

Wer ist verantwortlich? Wer trägt die Schuld? Wie konnte das passieren? Fragen, die dich oft quälen und dich in einer Endlosschleife gefangen halten. Niemand hat eine Antwort für dich und niemand enthebt dich der bitteren Vorwürfe, die du dir und vielleicht sogar auch deinem Umfeld machst. Es ist geschehen, was nicht geschehen durfte, und du bist nun gezwungen, damit weiterzuleben. Dies zu tun weigerst du dich mit all deiner verbliebenen Kraft.

Diese innere Reise soll dir dabei helfen, die Situation, in der du bist, anzuerkennen und dein Leben weiterzuführen. Ein Leben frei von Schuld und Vorwürfen. Du darfst ab jetzt jeden Tag, Schritt für Schritt ein wenig mehr Frieden fühlen, mit dem, was geschehen ist.

Du hast getan, was dir möglich war, um den Tod deines geliebten Menschen zu verhindern. Du hast getan, was dir möglich war, damit der letzte Weg deines geliebten Menschen so angenehm wie irgend möglich sein konnte. Dabei hast du dich, deine Bedürfnisse und Ängste völlig außer Acht gelassen. Du hast sie ignoriert, um für deinen geliebten Menschen voll und ganz zur Verfügung zu stehen. Und dennoch glaubst du, es war nicht genug. Du hast begonnen, die Verantwortung für etwas zu übernehmen, was außerhalb deines Einflussbereichs liegt. Eine Last und eine Verantwortung, die nicht der Realität entspricht und die auch nicht angemessen ist.

Das Schicksal ist größer als du und nimmt keine Rücksicht auf deine Wünsche. Das Einzige, das dir in deiner Situation bleibt, ist das, was dir das Leben gebracht hat, demütig anzuerkennen. Akzeptiere, dass von nun an dein Weg ohne deinen geliebten Menschen weitergehen wird. Sei dankbar, für die Zeit, die ihr hattet. Traue dich von den schönen Dingen, die er in dein Leben gebracht hat, zu profitieren.

Dort, wo dein geliebter Mensch nun ist, geht es ihm gut. Seine einzige Sorge ist, dass es dir nicht gut geht. Daher beginne damit, die Luft in deinen Lungen wieder zu fühlen. Spüre die Bewegung deiner Muskeln und nimm deinen Herzschlag wieder wahr. Du weißt nicht, wie dein Leben weitergehen soll. Das brauchst du im Moment nicht zu wissen. Es reicht, wenn du anfängst, dich und deinen Körper wieder zu spüren.

Suche dir einen geschützten und ruhigen Platz, an dem du dich zurückziehen kannst. Leg dich so hin, dass du es bequem hast. Nichts soll drücken oder zwicken. Vielleicht kannst du dich noch mit einer kuscheligen Decke zudecken, damit du dich sicher fühlst.

Zumindest für die Zeit, die diese Reise zu deinem Inneren dauert.

Sobald du so liegst, wie es gut für dich ist, beginne auf deinen Atem zu achten. Erlaube deinem Atem, ganz sacht immer tiefer zu werden. Anfangs atmest du noch in den oberen Brustkorb. Nach und nach darf dein Atem auch tiefer aus dem Bauch kommen. Es ist möglich, dass Gefühle in dir hochkommen und du weinen musst. Lass die Tränen zu und heiße sie willkommen. Sie gehören zu dir und zu der Situation, in der du dich befindest.

Sind die Tränen so stark, dass du richtig weinen musst, unterbreche diese Reise so lange, wie es braucht, bis du genügend geweint hast, und fahre dann fort. Fließen die Tränen nur sanft über deine Wangen, fahre fort, deinem Atem zu folgen.

Um in eine tiefere Entspannung zu kommen, wanderst du nun in deiner Vorstellung zu deinen Füßen und schickst sanft deinen Atem dorthin. Sie fühlen sich durch den Schicksalsschlag entwurzelt an. Nun dürfen sie beginnen, wieder junge und kraftvolle Wurzeln zu schlagen. Jetzt schickst du einen sanften Atemzug in deine Beine und merkst, wie sie schwerer werden. Sie sind kraftvoll und werden dich tragen, was immer dir widerfahren wird. Dein Bauch ist mittlerweile gut beatmet und so öffnest du durch einen tiefen Atemzug deinen Brustkorb. Hier ist dein Herz, in das die Trauer eingezogen ist. Sag »Hallo« zu der Trauer und begrüße sie als deine treue Wegbegleiterin für die letzte und auch für die nächste Zeit. Wenn du deine Trauer beachtest und wertschätzt, wird sie dir helfen, deinen Weg zurück in ein glückliches und erfülltes Leben zu finden. Der nächste Atemzug ist für deine Schultern gedacht, die in letzter Zeit so viel tragen mussten. Das betrifft auch deinen Nacken, der viele Schläge einstecken musste. Dein verspannter Kiefer, der so vieles nicht aussprechen kann, deine Augen, die vor lauter Tränen ganz müde sind. Deine Ohren, die sich danach sehnen, dass dein geliebter Mensch deinen Namen ruft. Dein Gehirn, das sich martert und quält auf der Suche nach einer Lösung, die es nicht gibt.

Die nächsten drei Atemzüge lang denkst du beim Einatmen »Ich« und beim Ausatmen »bin«. Atme danach ein paar Atemzüge normal weiter. Bereite dich und deinen ganzen Organismus darauf vor, dass du jetzt einen inneren Richtungswechsel vollziehst.

Ich – bin.

Ich – bin.

Ich – bin.

In den letzten Wochen und Monaten hast du viel Energie darauf verwendet, deine Situation, dein Leben, so wie es ist, abzulehnen. Du hast »Nein« zum Leben ohne den geliebten Menschen gesagt. Da dies aber nun dein Leben ist, hast du »Nein« zu dir und deinem Leben gesagt. Das ist auf Dauer nicht gesund. Es ist niemandem zu wünschen, dass er den Rest seines Lebens damit verbringt, darauf zu warten, dass das Leben endlich vorbei ist. Daher möchte ich dich nun sanft in die entgegengesetzte Richtung lenken.

Damit der Übergang vom »Nein« zum »Ja« nicht allzu unmittelbar ist, gehen wir einen Zwischenschritt. Beim nächsten Atemzug denkst du: »Ja – ich darf irgendwann einmal wieder glücklich sein.« Wiederhole dies ein paar Mal. Ich helfe dir dabei …

Nun zum nächsten Schritt: Beim nächsten Atemzug denkst du: »Ja – ich darf innerhalb der nächsten Monate wieder glücklich sein.« Ich begleite dich bei der Vertiefung dieses Satzes …

Wenn dir das für heute reicht, unterbrich diese innere Reise hier und fahre morgen damit fort. Du kannst so lange an dieser Stelle unterbrechen, bis du den Wunsch verspürst, weiterzugehen. Bewege langsam deine Arme und Beine und öffne deine Augen. Sieh dich um und spüre nach, ob es einen Gedanken gibt, der dich auf eine winzige Kleinigkeit in deinem Leben hinweist, die du sofort verbessern kannst. Hast du diesen Gedanken gefasst, schreib ihn auf, damit du ihn nicht vergisst, und mache dich daran, ihn umzusetzen. Schreibe das heutige Datum dazu und sammle diese Verbesserungsgedanken in der nächsten Zeit auf Zetteln oder in einem Heft, einer Kladde oder in deinem Tagebuch. Fahre täglich mit dieser Übung fort.

Wenn du in der letzten Zeit an dieser Stelle unterbrochen hast und heute weitergehen möchtest oder du gleich beim ersten Mal die Übung ganz machst, begrüße ich dich herzlich zum 2. Teil dieser Reise.

Dein Atem trägt dich sanft und sicher, während du denkst: »Ja – ich darf in der nächsten Zeit wieder glücklich sein.« Ich begleite dich bei der Wiederholung des Gedankens …

Was bedeutet es, wieder glücklich zu sein? Fangen wir mit den einfachsten Dingen an:

- □ Du spürst die Sonne auf deiner Haut und fühlst dich dabei wohlig und gewärmt.
- □ Wenn dir der Wind durchs Haar streift, bringt er wieder Bewegung in dein von Trauer und Schmerz erstarrtes Leben.
- □ Wenn du Blumen und Bäume siehst, dann siehst du sie von nun an wieder in Farbe. Sie sind wieder Freude und Inspiration für dich.
- □ Der Duft von Blumen, Kaffee und frischem Brot regt deinen Appetit wieder an und bald kannst du beim Essen nicht nur einfach satt werden, sondern auch Genuss empfinden.

Wieder glücklich zu sein bedeutet auch:

- □ Dass du dich an deinen geliebten Menschen immer erinnern wirst.
- □ Dass du immer wieder einmal traurig sein wirst, weil er dir fehlt.
- □ Du wirst ihn immer vermissen, vielleicht gerade in glücklichen Momenten, weil du sie gerne mit ihm teilen würdest.

Wieder glücklich zu sein bedeutet:

- □ Dass du dich Dingen im Leben zuwendest, die du immer schon mal ausprobieren wolltest.
- □ Dass du die Zeit, die dir verbleibt, so nutzen möchtest, dass du am Ende deines Lebens sagen kannst, du hast ein erfülltes Leben geführt.
- □ Zu verstehen, was ein anderer durchmacht, dem etwas Ähnliches widerfährt, und dass du ihm sagen und zeigen kannst, dass der Schmerz irgendwann wieder nachlässt.
- □ Wenn du deinen Partner verloren hast, dass du irgendwann auch wieder glücklich mit einem anderen Partner sein darfst.

Während du atmest, bestätigst du mit jedem Atemzug dein »Ja« zu einem glücklichen Leben. Die Zeit der Trauer, Schuld und Belastung darf sich nun langsam verabschieden und Platz machen für dein Leben, das nicht neu ist, sondern bedingungslos aus deinem alten Leben hervorgeht. Es hat dich geprägt und verändert. Anfangs hast du gedacht, es hätte dich gebrochen, doch nun merkst du, es hat dir auch neue Möglichkeiten eröffnet. Du hast die Tiefe, die Erfahrung und den Schmerz gebraucht, um das Leben besser zu verstehen und zu schätzen. Das Schlimmste ist dir bereits widerfahren und du hast es überlebt. Wieso solltest du zu so einer starken Ausgangsposition nicht »Ja« sagen dürfen und können?

Die Traumreise geht für heute ihrem Ende zu. Bewege sachte deine Hände und Füße, deine Arme und Beine. Gleite langsam mit deinen Händen über dein Gesicht und durch deine Haare. Massiere leicht deine geschlossenen Augen, bevor du sie öffnest, und sage diesmal laut »Ja«, während du langsam und vorsichtig aufstehst. Achte dabei darauf, ob dir nicht spontan etwas einfällt, das du angehen oder verändern möchtest. Notiere dir diesen Gedanken auf einem Zettel, in einem Heft, einer Kladde oder deinem Tagebuch. Zerlege deine Vorhaben, wenn sie größer sind, in kleine Einzelschritte, die du von nun ab jeden Tag ein klein wenig abarbeitest. Mache diese Übung mindestens einen Monat lang – gerne länger.

Affirmation

Nur für heute fühle ich mich stark und voll Zuversicht, weil ich weiß, dass es mir wieder besser gehen wird.

Kapitel 7: Die Sehnsucht nimmt überhand

Die Trauer um einen geliebten Menschen ist vergleichbar mit einer Art Marathonlauf, der niemals zu enden scheint. In manchen Fällen ist nach Wochen und Monaten der Trauer die Sehnsucht nach dem Verstorbenen so groß, dass wir in unserem Zustand der zunehmenden Erschöpfung meinen, der Sehnsucht nicht mehr viel entgegensetzen zu können. Dies ist sehr belastend und beängstigend. Der Wunsch, bei dem geliebten Menschen zu sein, koste es, was es wolle, hat – so meine ich – nichts mit Depression oder Todessehnsucht zu tun. Man möchte den Verstorbenen einfach nur noch mal spüren und sprechen, und das so bald wie möglich und nicht erst, wenn man am natürlichen Ende seines eigenen Lebens steht. Diese sehnsüchtigen Empfindungen haben viele Trauernde und sie sind in ihrer Schwere und Tragweite nicht zu unterschätzen.

Zunächst ist es wichtig zu wissen, dass es sich bei diesen Gefühlen um ganz normale Begleiterscheinungen der Trauer handelt. Mit Ihnen ist also alles in Ordnung, wenn Sie diese Sehnsucht verspüren. Problematisch finde ich, dass die meisten Menschen niemanden haben, mit dem sie über dieses überbordende Gefühl sprechen können, das von Tag zu Tag größer zu werden scheint. Ich würde jetzt gerne schreiben, dass sich diese Zeit nur auf wenige Wochen begrenzt und dann wieder verschwindet. Leider ist es so, dass dieser tiefe Wunsch des Wiedersehens mehrere Monate oder auch Jahre dauern kann. Dem Drang, dem geliebten Menschen zu folgen, zu widerstehen, das erfordert dann all unsere Kraft und Aufmerksamkeit. Bei manchen Trauernden reicht die Kraft nicht aus und es kommt dazu, dass ihnen ihre Lebensperspektive so desolat erscheint, dass sie auch wenig Grund sehen, noch länger ihrer Sehnsucht zu widerstehen. In Anbetracht von jährlich etwa 10 000 Suiziden in Deutschland und einer vermuteten Anzahl von 100 000 bis 150 000 Menschen, die jährlich einen Suizid versuchen, ist klar, dass es sich hierbei um ein Thema handelt, bei dem Sie sich – sobald solche Gedanken aufkommen – bitte unbedingt professionelle Hilfe holen. Zögern Sie nicht! Es einfach mal auszusprechen bei jemanden, der versteht, was Sie empfinden, und es nicht verurteilt, wird unglaublich viel des Drucks abbauen, der durch solche Gedanken, dem Verstorbenen zu folgen, entstehen kann. Viele meiner Klienten bestätigen mir, wie lebensnotwendig die Gespräche und der Austausch zum Zeitpunkt dieser größten Sehnsucht nach dem Verstorbenen waren.

Wichtig ist, die Empfindung, um jeden Preis beim Verstorbenen sein zu wollen, als ein Symptom der Trauer mit in den Trauerweg einzubeziehen, statt sie als potenziellen Ausstieg aus der Trauer zu benutzen.

Resilienz aufbauen

Nicht allen von uns bietet sich die Möglichkeit, eine Trauerbegleitung oder eine Psychotherapie in Anspruch zu nehmen, und nicht alle wünschen dieses. Manche müssen oder möchten auf ihre eigene Resilienz (innere Widerstandkraft) setzen oder sie ausbauen. Menschen, die als resilient bezeichnet werden, die sich bei Krisen nicht so leicht aus der Bahn werfen lassen, haben diese Fähigkeit teils genetisch mitgebracht, in der Familie vorgelebt bekommen und teilweise in jungen Jahren durch eigene schwere Erfahrungen erlernt. Hier geht es um die Fähigkeit, sich an schwierige oder unliebsame Situationen anzupassen, ohne sich selbst, die Kontrolle und den Überblick zu verlieren. Hilfreich ist hier starker Optimismus, eine positive Selbstbewertung und die Überzeugung, Ereignisse durch eigenes Handeln beeinflussen zu können. Scheitern wird nicht überbewertet, sondern gehört in der Wahrnehmung resilienter Menschen dazu, wenn man neue Lösungswege ausprobiert. Hinzu kommt eine tiefe Überzeugung, dass man an Schwierigkeiten wachsen wird, die Situation auch irgendwann wieder besser wird und ein großer Erfahrungsschatz zu Weisheit führen kann.

Auch wenn es im Erwachsenenalter schwieriger ist, erlernte und gefestigte Verhaltensmuster zu ändern, ist es möglich, Resilienz zu trainieren beziehungsweise sich in einer Krisensituation, wie es der Verlust eines geliebten Menschen ist, an früher einmal bewährte Fähigkeiten und Stärken zu erinnern und diese heranzuziehen sowie sie auf die aktuelle Situation anzuwenden. Wie Resilienz funktioniert, warum sie wichtig ist und wie man sie trainieren und verfestigen kann, erklärt die Resilienztrainerin Monika Gruhl in ihrem Buch »Resilienz – die Strategie der Stehauf-Menschen«.[8] Die Lektüre ist nicht nur für Trauernde zu empfehlen, sondern auch, wenn Sie sich in der Situation befinden, jemanden in der Trauer zu begleiten, und womöglich an einem Punkt angelangt sind, an dem Sie nicht mehr wissen, wie Sie noch unterstützend wirken können, und an dem Sie selbst Ihre inneren Kräfte stärken möchten.

Mit der Resilienz eng verbunden ist das Kohärenzgefühl. Kohärenz bezeichnet die Fähigkeit, dass man die Zusammenhänge des Lebens versteht und überzeugt davon ist, das eigene Leben gestalten und handhaben zu können und dass das Leben einen Sinn hat. Die aufgezählten Faktoren sind nach dem Tod eines geliebten Menschen oft bis in die Wurzeln erschüttert. Die Schlussfolgerung daraus, dass man dem Schicksal ausgeliefert ist, liegt nahe, ist aber nicht ganz richtig. Sicherlich können wir nicht über Leben und Tod und den Verlauf bestimmter Ereignisse bestimmen, aber wir haben die Möglichkeit, innerhalb dieser Situationen damit umzugehen. Indem wir unsere Resilienz stärken, wird es uns auch möglich, diese kohärente Sicht auf das Leben wieder einzunehmen.

Trauerarbeit und ein Achtsamkeitstagebuch führen

Im Zusammenhang mit dem Thema Trauer scheue ich mich, den Begriff »Glückstagebuch« zu verwenden. Ich ziehe »Achtsamkeitstagebuch« vor, wobei ein Achtsamkeitstagebuch einem sehr ähnlichen Konzept wie ein Glückstagebuch unterliegt. Versuchen Sie täglich mindestens drei Ereignisse des Tages zu notieren, die schön für Sie waren, die gutgetan haben oder die Sie einen Moment lang Ihre schwierige Lage und die Trauer haben vergessen lassen. Damit lenken Sie Ihre Wahrnehmung auf die guten Erlebnisse und Erfahrungen, und das ist ein wichtiger Schritt aus einem Kreislauf heraus, der nicht guttut.

Die negative Abwärtsspirale zu durchbrechen sollten wir uns so früh wie möglich zur Aufgabe machen, denn wenn wir nicht aufpassen, führt sie zu einem freudlosen Leben und wir riskieren dabei, in die Gefahr eines Suizids zu geraten. Sicherlich werden einzelne kleine Perspektivwechsel und veränderte Verhaltensweisen keinen schnellen und nachhaltigen Erfolg bringen. Der stellt sich erst nach Wochen und Monaten durch ständiges Umdenken und verändertes Handeln ein. Nach einer langen Zeit der Arbeit und Mühe wird sich aber ein besseres Lebensgefühl einstellen.

Auch wenn wir zeitweilig der Überzeugung sind, dass wir auf uns alleine gestellt sind, so ist es so, dass in Deutschland und überall auf der Welt Menschen täglich mit den härtesten Schicksalsschlägen zurechtkommen müssen. Wir unterscheiden uns nur in dem Detail, dass wir bis jetzt noch keine größeren Schicksalsschläge zu verzeichnen hatten und daher wenig geübt sind im Umgang mit Krisen, Trauer und dem Leben danach. Die Erkenntnis, dass Sie nicht alleine sind, kann irgendwann Ihr Mitgefühl für andere wecken und Sie gehen mit anderen, wissenderen Augen durchs Leben. Bis dahin gilt es, sich klar zu werden, dass der Begriff Trauerarbeit nicht umsonst das Wort Arbeit mit sich führt. Es liegt noch so viel vor Ihnen, wie Sie beschließen, aus diesen Erfahrungen zu lernen und dann in Ihr neues Leben mitzunehmen.

Um bei Selbstmitleidsattacken nicht allzu sehr in die Abwärtsspirale zu geraten, habe ich Filme und Bücher von und über Menschen in ähnlichen Situationen angeschaut und gelesen. Das hat mir geholfen, mich nicht so alleine zu fühlen und meine eigene Situation zu relativieren. Noch besser haben mich Biografien von Menschen unterstützt, die weitaus Schlimmeres zu verarbeiten hatten. Hier empfehle ich insbesondere das Buch von Viktor E. Frankl: »… trotzdem Ja zum Leben sagen. Ein Psychologe erlebt das Konzentrationslager«.[9] Der 1905 geborene Wiener war Neurologe und Psychologe. Er, seine Frau und seine Eltern wurden aufgrund ihrer jüdischen Abstammung 1942 nach Theresienstadt deportiert. Nur er überlebte. Seine Erlebnisse im Konzentrationslager beschreibt er in diesem Buch und wie er mit diesem Schicksal in Frieden gekommen ist.

Dieses Buch wurde mit einer Gesamtauflage von 10 Millionen Exemplaren in 26 Sprachen übersetzt und in den USA in die Liste der zehn einflussreichsten Bücher aufgenommen.

Sollte Ihnen solche Lektüre zum gegenwärtigen Zeitpunkt zu schwerfallen, was durchaus verständlich und nachvollziehbar ist, so kann ich Ihnen auch die entgegengesetzte Strategie empfehlen, sich lustige Sendungen im Fernsehen, wie Comedy, zu Gemüte zu führen. Anfangs fühlen sich die Gags vielleicht nur oberflächlich, dämlich und fehl am Platz an, aber wenn Sie lange genug durchhalten, können sie durchaus aufheiternd wirken und dafür sorgen, dass wieder etwas mehr Leichtigkeit in Ihr Leben Einzug hält.

Einen inneren Ort finden

Früher war man der Auffassung, dass in der Trauerarbeit verschiedene Trauerphasen zu durchleben waren, an deren Ende das Loslassen der verstorbenen Person stand. Dieses Konzept war für die Trauernden nicht förderlich, denn sie wollten weiterlieben und dem Verstorbenen einen festen Platz im Leben erhalten. In Deutschland war es der Psychologe, Theologe und Trauerbegleiter Roland Kachler, der ein neues Konzept vertrat, dass wir unseren geliebten verstorbenen Menschen nicht loslassen müssen, sondern weiterlieben können.[10] So erlebte Trauerarbeit einen deutlichen Fortschritt. Die Liebe und die Erinnerungen dürfen in unseren Herzen weiter bestehen. Sie werden durch Zufallsbegegnungen und Erlebnisse ausgelöst oder können aus eigenem Willen und Antrieb abgerufen und erlebt werden. Es werden von Roland Kachler verschiedene Herangehensweisen vorgeschlagen, einen inneren Ort für den Verstorbenen zu finden und dafür, Nähe zu ihm herzustellen.

In diesem Zusammenhang steht auch ein Thema, über das viele Trauernde nicht wagen zu sprechen, weil sie Angst haben, verrückt zu werden oder für verrückt gehalten zu werden: Nach-Tod-Erfahrungen. Es handelt sich um ein Phänomen, das Menschen nach dem Tod ihres geliebten Menschen erleben und in dem Begegnungen stattfinden, die oft weit über das Empfinden hinausgeht, der Verstorbene sei anwesend. Manche hören die Stimme, manche können den Verstorbenen sehen oder es geschehen unerklärliche Dinge, wie zum Beispiel, dass elektrische Geräte, das Licht oder der Fernseher plötzlich angehen und es keine Erklärung dafür gibt. Besonders häufig wird davon berichtet, dass sich das Radio von selbst einschaltet und das Lieblingslied des Verstorbenen gespielt wird. Es kommt auch vor, dass Gerüche, die im Zusammenhang mit der verstorbenen Person stehen, plötzlich wahrzunehmen sind.

Meist lösen diese Erlebnisse bei den Trauernden inneren Frieden und Gelassenheit aus. Sie berichten, dass die Kontaktaufnahme nur vom Verstorbenen aus dem Jenseits geschieht, nicht umgekehrt zu ihm hin. Um solche wohltuenden Begegnungen zu forcieren, empfehlen manche Trauernde Meditation, um in Zustände tiefer Entspannung zu gelangen.

Traumreise »Begegnung im Park«

Ich habe eine Traumreise entwickelt, auf der Sie dem Verstorbenen begegnen und in deren Verlauf Sie mit Ihrem geliebten Menschen sprechen können. So besteht die Möglichkeit des Austausches beispielsweise auch über Ihre große Sehnsucht nach ihm.

Diese Traumreise können Sie sich auch anhören und sie steht Ihnen als Download zur Verfügung unter: http://www.herder.de/spezial/61368-begegnung/

Suche dir einen bequemen und sicheren Platz zum Sitzen oder Liegen, an dem du für die nächsten zehn Minuten ungestört bist, denn wenn du meiner Stimme folgst, kannst du dich an deinen inneren Ort begeben, um im Einklang mit dir und deinem geliebten Menschen zu sein.

Im Alltag fällt das nicht immer leicht. Der große Schmerz und die Trauer über den Verlust erschweren die Verbindung zu dir selbst und zu deiner tiefen Liebe. Die Liebe ist das, was am Stärksten ist, immer da sein wird und euch für alle Zeiten verbindet.

Folge mir also behutsam an einen Ort, der wie ein wunderschöner Garten oder Park ist. Dort wirst du dich auf einer Bank ausruhen und deinen geliebten Menschen treffen, um Zwiesprache mit ihm zu halten.

Diese Landschaft kann von nun an, wenn du es möchtest, die Basis für viele weitere Gespräche sein, die du, wann immer dir danach ist, führen kannst. Ganz besonders in schweren Zeiten, in denen du glaubst, den Schmerz und die Trauer nicht mehr aushalten zu können.

Die Reise beginnt: Ich zähle im Stillen langsam von 10 bis 0. Vor dir steht ein runder Turm aus Stein. Eine hölzerne Tür öffnet sich langsam, damit du eintreten kannst. Folge bedächtig den Stufen der Wendeltreppe, die dich hinaufführen. Spüre das eiserne Geländer an deiner Hand. Auch kannst du die steinerne Wand beim Hinaufgehen mit deinen Händen ertasten.

Vielleicht bist du in deinen Lieblingssachen gekleidet, denn du gehst einem Treffen von ganz besonderer Art entgegen. Du spürst, wie dein Herz vor Aufregung zu klopfen beginnt. Du achtest darauf, nicht zu schnell zu gehen, damit du nicht stolperst oder außer Atem gerätst.

Solltest du eine leichte Aufregung bemerken, spüre ihr nach. Während du weiter Stufe für Stufe nach oben wandelst, bemerkst du ein helles Licht, welches dir zeigt, dass du gleich angekommen bist. Du nimmst noch einen tiefen Atemzug, bevor du aus dem Tor des Turmes hinaustrittst.

Vor dir enthüllt sich eine Landschaft, die einzig und allein deiner Fantasie überlassen ist. Sind es Berge, Wiesen, Wälder oder das Meer? Alles, was du siehst, ist gut und dafür da, dir Frieden zu bringen. Hör genau hin, kannst du vielleicht das Murmeln eines Baches vernehmen oder das Zwitschern von Vögeln? Summen da etwa Bienen und sammeln eifrig Honig aus bunten Blütenkelchen, die deinen Weg zu einem schmiedeeisernen Zaun säumen?

Bist du dort erst angelangt, entdeckst du versteckt hinter Ranken ein Tor, das sich kaum vom Zaun unterscheidet. Nur du kennst diesen Eingang und kannst ihn öffnen, was du jetzt auch tust. Du fühlst die kühle Eisenklinke, während du sie vorsichtig hinunterdrückst. Alles geht ganz leise vor sich, denn du möchtest die Tiere, die in diesem Park leben, nicht erschrecken.

Nachdem du durch das Tor hindurchgeschlüpft bist, siehst du friedlich äsende Rehe, die nun wie zu deiner Begrüßung den Kopf heben. Kleine Kaninchen halten inne und kommen dir sanft ein kleines Stück entgegengehoppelt, als ob sie dir den Weg weisen möchten.

Da siehst du auch schon die gemütliche Holzbank, die Platz für zwei bietet. Während du dich ihr näherst, bemerkst du, wie kleine bunte Schmetterlinge darüber im Tanz taumeln.

Du gehst weiter darauf zu und bemerkst, dass dort schon jemand auf dich wartet. Ein warmes freudiges Gefühl breitet sich in dir aus. Du fühlst dich zu dieser Person hingezogen. Ihr erkennt einander und du nimmst ebenfalls auf der Bank Platz.

Hier kann euch nichts stören, alles ist jetzt ganz heil, gesund und unversehrt. Vielleicht berühren sich eure Hände, treffen sich eure Augen, spürt ihr eure Herzen und die tiefe Liebe, die euch verbindet.

Wenn du möchtest, kannst du nun, solange es dir möglich ist, hier von deinem Leben erzählen, das du nun ohne die geliebte Person führst. Vielleicht gibt es neben der Trauer, dem Schmerz und den Schwierigkeiten auch schöne Dinge zu berichten. Du darfst hier alles abladen, was dir am Herzen liegt.

…

Nachdem du deinem Herzen etwas Erleichterung verschafft hast, ist vielleicht auch eine sanfte und beruhigende Umarmung zwischen dir und deiner geliebten Person möglich. Sie wird dir Kraft geben, dich auf den Rückweg zu machen. Ein letzter liebevoller Blick für den Moment, denn du weißt, dass du jederzeit wieder hierher zurückkehren kannst, um in dich aufzunehmen, was du so sehr vermisst.

Beim Weggehen drehst du dich noch einmal um und vergewisserst dich, dass es deinem geliebten Menschen gut geht und er in Frieden ist. Sein einziges Anliegen ist, dass es auch dir gut geht. Er ist in warmes gleißendes Licht gehüllt, das seine Konturen immer unschärfer werden lässt. Du machst dich nun auf den Rückweg.

Der Weg führt dich erneut an den grasenden Tieren vorbei. Während du das Tor öffnest, nimmst du auch wieder die vertrauten Geräusche von vorhin wahr.

Langsam kommt der Turm in dein Sichtfeld und du machst dich, erfüllt von Liebe, Wärme und Licht voller Mut auf den Weg nach unten. Du zögerst nicht dabei, denn du hast wieder Kraft, die dir bei den nächsten anstehenden Schritten helfen wird. Es werden sich dir Lösungen eröffnen, die dir deinen Alltag erleichtern, Menschen werden deinen Weg kreuzen, die dir wohlwollend zulächeln oder dir einfühlsame Worte sagen. Liebevolle Hilfestellungen werden dir zuteil.

Du merkst zunehmend, du bist nicht alleine dort, wo du nun wieder hingehst. Du wirst erneut Geborgenheit finden. So gehst du nun wieder Schritt für Schritt die Wendeltreppe hinunter und mit jeder Stufe spürst du, wie du dich sicherer fühlst. So sind deine Schritte auf den letzten Stufen ganz fest und du trittst wieder hinaus in eine Welt, die dich willkommen heißt.

Zähle nun im Stillen von 0 bis 10 und bei 10 öffnest du langsam die Augen und nimmst dir einen Moment Zeit, wieder dort anzukommen, wo du vor einigen Minuten losgegangen bist.[11]

Liebe in der Trauerzeit, wenn der Partner gestorben ist

Tiefe Trauer und unbändige Lebenslust zur gleichen Zeit ist ein weiteres Phänomen, über das viele Trauernde berichten. Damit klarzukommen, ist nicht einfach, denn diese Empfindungen erscheinen auf den ersten Blick völlig entgegengesetzt, obwohl sie sehr eng miteinander verbunden sind.

Das kann irritierend und ungeheuer anstrengend sein, denn obwohl man sich bei einem Partnerverlust nicht vorstellen kann, jemals wieder eine andere Person so nahe an sich heranzulassen, passiert hin und wieder genau dies. Eine neue Liebe kommt und das manchmal sogar, noch bevor das erste Trauerjahr vergangen ist.

Ein Wirrwarr von Schuldgefühlen, Ängsten, Freude und Schmetterlingen im Bauch kommt auf. Das kritische Umfeld aus Familie, Freunden und Kollegen reagiert vielleicht besorgt oder sogar wertend. Daher verbergen viele Trauernde ihre neue Liebe für eine lange Zeit vor der Öffentlichkeit. Denn auch sie selbst empfinden die Hinwendung zu einer neuen Liebe als Verrat am verstorbenen Partner und finden sich in einem großen moralischen Konflikt wieder.

Wem dies widerfährt, der braucht sich keine Gedanken und Vorwürfe zu machen. Es ist völlig normal, ja sogar begrüßenswert und gesund, solange achtsam damit umgegangen wird und der neue Partner nicht dazu dient, die Trauer um den geliebten Verstorbenen zu verdrängen.

Gerade wenn ein geliebter Mensch stirbt, erfahren wir die Intensivität des Lebens.

Ist der Partner nach einer langen qualvollen Krankheit verstorben, hat der Abschiedsweg vermutlich schon vor seinem Tod begonnen. Wenn wir die Schmerzen und den Kampf um das Leben des Partners so hautnah miterlebt haben, wird uns das Geschenk unseres Lebens bewusster denn je. Der Verstorbene kann nun seine Wünsche nicht mehr verwirklichen, neue Fähigkeiten können nicht mehr erlernt werden, romantische Sonnenuntergänge und eine erfüllte Sexualität gehören unabdingbar der Vergangenheit an, die Endlichkeit des Lebens ist nun für den übrig gebliebenen Partner nicht mehr auszublenden.

So schmerzhaft diese schlimmen Erfahrungen für uns auch sind, so sind sie auch ein Geschenk. Uns ist die Schönheit des Lebens und die Bedeutung von Liebe bewusster und wertvoller als jemals zuvor. Damit kommt auch der Drang nach Lebendigkeit und Austausch oftmals mit einem nie gekannten Verlangen an die Oberfläche. Gleichzeitig herrscht tiefe Trauer, das Leben scheint ohne den Partner sinnlos, ein Teil von uns möchte dem Partner am liebsten folgen. Unglaubliche und scheinbar unvereinbare Gegensätze ergreifen ungefragt und auch vermeintlich unkontrollierbar Besitz von uns. Wir haben keine Übung darin, dieses weit auseinanderklaffende Spektrum von Gefühlen und Erleben auszuhalten, geschweige denn damit vertraut umzugehen.

Die tiefe Trauer und die intensive Lebenslust sind beide für sich genommen als Einschnitt ins Leben schon anstrengend genug. Im Doppelpack und mit ihrer Gegensätzlichkeit erscheinen Sie uns kaum vereinbar und auslebbar. Auch hier gilt es, viel Geduld, großes Verständnis und Mitgefühl für sich selbst an den Tag zu legen. Auch das ist nicht leicht, da das Mitgefühl oft beim verstorbenen Partner verankert ist, denn er kann in unserer Welt nun nichts mehr ausrichten.

Ein neuer Partner bedeutet auch, in der schlimmsten Zeit des Lebens nicht mehr alleine zu sein. Ist jemand Neues bereit, in einer so belastenden Situation an unsere Seite zu treten, dann ist das beachtlich und wir wissen von Anfang an, diese Person scheut keine Schwierigkeiten und ist vermutlich auch später nicht bei der ersten Hürde auf und davon. Manche von uns sind davon überzeugt, dass uns der Verstorbene nur das Beste wünscht und uns vermutlich diese neue Liebe von ganzem Herzen gönnt und vielleicht sogar geschickt hat, damit wir nicht mehr so alleine sind und jemanden haben, mit dem wir die Geschenke des Lebens erleben können.

So wünschenswert es auch ist, dass eine neue Liebe in Ihr Leben tritt, so ist dennoch Wachsamkeit geboten, damit Sie nicht als beispielsweise einsame und trauernde Witwe von Heiratsschwindlern ausgenutzt werden.

Wenn die Trauer stockt

Wenn wir von Trauer sprechen, gehen wir automatisch davon aus, dass die Beziehung zum Verstorbenen und auch der Abschied harmonisch waren. In gar nicht so wenigen Fällen ist das aber nicht so. Da geht es um sterbende Eltern, die auch im Tod nicht in der Lage sind, ihren Kindern zu sagen, wie sehr sie sie lieben. Häufig gibt es auch Partnerschaften, die nicht harmonisch verlaufen sind. Da hat oder hatte vielleicht einer der beiden oder sogar beide noch einen anderen Liebespartner. Möglicherweise kommt so ein Seitensprung oder eine Nebenbeziehung erst durch den Tod ans Tageslicht. Noch komplizierter ist es, wenn es um Kinder geht, es beispielsweise gemeinsame eigene Kinder gibt und nun erfahren Sie, dass es noch andere Kinder gibt. Männer haben manchmal noch Kinder mit anderen Frauen, die sie verheimlichen. Umgekehrt gibt es in Ehen auch »untergeschobene« Kinder, Kinder von denen die Väter glauben, sie wären ihre, die es aber gar nicht sind. Durch den Tod eines Menschen, die letzten Gespräche, den letzten

Willen oder ein Testament können diese Dinge ans Licht kommen. Solche besonderen Umstände sind zusätzlich belastend, die Ambivalenz der Gefühle scheint unerträglich zu sein, doch auch sie müssen bearbeitet werden. Auch hier möchte ich nochmals darauf verweisen, dass Sie in Situationen, die Ihnen nicht zu bewältigen erscheinen, unbedingt professionelle Hilfe suchen sollten. Im nächsten Kapitel gehe ich ausführlich darauf ein.

> **Affirmation**
> Nur für heute bin ich mir ganz sicher, dass es meinem geliebten Menschen, dort, wo er nun ist, auch ohne mich gut geht und es ihm an nichts mangelt. Deshalb darf es mir auch gut gehen.

Kapitel 8: Trauerbegleitung und Psychotherapie

Über 60 Prozent aller Depressionen entstehen aus unverarbeiteter Trauer.[12]

Das ist ein gutes Argument, sich der Trauer zu stellen und sich unter Umständen professionelle Hilfe zu holen.

Angebote zur Begleitung von Trauernden

Therapeutische Begleitung

Die von den Kassen bezahlten Therapeuten sind überlastet; es kann zu langen Wartezeiten kommen. Im Erstgespräch wird sich dann herausstellen, ob der Therapeut zu Ihnen passt und Ihre Erwartungen erfüllen kann. Nicht alle Therapeuten haben Erfahrung im Umgang mit trauernden Klienten. In der Psychotherapie wird Trauer nicht als psychische Erkrankung gesehen, sondern, wenn Sie stark ausfällt, als eine Reaktion auf ein traumatisches Erlebnis, auch Anpassungsstörung genannt. Entsprechend werden in der Regel Psychologen in ihrer Trauerbegleitung ansetzen. Falls Sie sich lieber von einem Therapeuten als von einem ausgebildeten Trauerbegleiter in Ihrer Trauer unterstützen lassen; dann sollten Sie versuchen, einen Therapeuten zu finden, der sich auf die Hilfe für Trauernde spezialisiert hat. Wenn Sie Gefahr laufen, in eine Depression zu geraten, sollten Sie jedenfalls einen Therapeuten aufsuchen.

Begleitung durch ausgebildete Trauerbegleiter

Es kommen infrage: Selbsthilfegruppen, Trauergruppen, Trauerbegleitung in Einzelgesprächen, Trauerbegleitung in Trauergruppen und Selbsthilfegruppen.

Der geschichtliche Hintergrund der Trauerbegleitung ist die Hospizbewegung, die von England ausgehend Ende der 1960er Jahre über die USA auch die Bundesrepublik Deutschland erreicht hat. Der Gedanke der Hospizbewegung ist, Sterben und Trauer wieder in das Bewusstsein der Menschen zu holen, nachdem Werte, wie etwa unter allen Umständen zu funktionieren und dem Erwerbsleben stets bedingungslos zur Verfügung zu stehen, zu sehr Einfluss auf unsere Lebenskultur genommen hatten.

Schon seit Sigmund Freud wird in der klassischen Psychologie die Meinung geteilt, dass es für die seelische Gesundheit wichtig ist, sich seinen Gefühle zu stellen und Trauerarbeit zu leisten. Dabei steht im Vordergrund, den Verlust anzuerkennen und zu verarbeiten. Die emotionale und kognitive Auseinandersetzung mit dem Tod, dem Verlust und der Trauer soll verhindern, dass diese pathologisch wird. Sich alleine damit auseinanderzusetzen ist nicht immer leicht; daraus ist der Beruf des Trauerbegleiters entstanden. Seine Aufgabe ist es, über den üblichen Umgang im Privaten hinaus, Menschen zu helfen, sich mit ihrer Trauer zu befassen und sich dem Schmerz zu stellen, um nach angemessener Zeit gestärkt daraus hervorzugehen.

2007 wurden Standards für die fachliche Qualifizierung in der Trauerbegleitung von der damaligen Bundesgemeinschaft Trauerbegleitung formuliert. In der Regel hat ein professioneller Trauerbegleiter eine darauf basierende Ausbildung durchlaufen. Allerdings ist diese Berufsbezeichnung nicht geschützt und jeder darf sich Trauerbegleiter nennen. Sie dürfen also gerne nach dem beruflichen Hintergrund eines Trauerbegleiters fragen, bevor Sie sich von ihm begleiten lassen.

Die Trauerbegleitung hat nicht das Ziel, dem Trauernden die Trauer und den Weg der Trauer beziehungsweise die Trauerarbeit abzunehmen, sondern ihn durch diesen schweren Lebensabschnitt zu begleiten, Anregungen zu geben und über schwierige Episoden hinwegzuhelfen. Ein Großteil der Arbeit macht das Zuhören und das Verstehen der Situation des Klienten aus. Hier können Dinge angesprochen werden, die man der Familie, Freunden und Bekannten nicht zumuten möchte. Manches kann eben nur im geschützten Raum offenbart und bearbeitet werden. Im Idealfall finden Sie diesen Raum in der Trauerbegleitung. Wie auch bei einem Therapeuten passt man nicht immer perfekt zueinander. Also heißt es auch hier bewusst auszuwählen und gegebenenfalls weiterzusuchen.

Viele Menschen halten eine Trauerbegleitung für überflüssig, schließlich hat man doch Familie und Freunde. Doch Trauernden wird oft kurze Zeit, nachdem sie ihren geliebten Menschen verloren haben, klar, dass Freunde und Familie schnell damit überfordert sein können, sich in den Trauernden hineinzuversetzen. Da kann es hilfreich sein, sich zusätzlich mit Menschen auszutauschen, die wissen, wovon der Trauernde spricht – und das ist durch die Trauerbegleitung jedenfalls gegeben.

Um in eine Trauergruppe zu gehen, ist allerdings eine gewisse Schwelle zu überwinden. Wir sind in der Trauerzeit extrem dünnhäutig und können uns manchmal schlecht vorstellen, uns anderen Trauernden zu öffnen, auch wenn diese Ähnliches durchleben. Hinzu kommt, dass wir ja nicht wissen, wie die Leute reagieren, denn nur weil jemand auch trauert, ist er ja nicht automatisch einfühlsam und kann gut mit sich und anderen umgehen. Eine Trauergruppe zu finden, die zu einem passt, ist nicht immer leicht. Für Trauernde, die auf dem Land leben, gibt es unter Umständen gar keine Trauergruppe in erreichbarer Entfernung. Aus diesem Grund rufen Trauernde gelegentlich auch eine Selbsthilfe-Trauergruppe ins Leben. Eine Initiative, die ich sehr bewundere und begrüße. Vorziehen würde ich allerdings eine Trauergruppe, die professionell von jemandem angeleitet wird, der zwar selbst schon mit Verlusten umgehen musste, sich aber nicht akut in einer Trauersituation befindet. Es gibt aber auch ganz wundervolle Trauerbegleiter, die selbst noch keinen schweren Trauerfall durchleben mussten.

Wie bei einem Therapeuten kann es sein, dass Sie wegen Platzmangels abgewiesen oder auf eine Warteliste gesetzt werden und/oder feststellen, dass weder die Gruppe noch der Trauerbegleiter zu Ihnen passen. Hier gilt es dann weiterzusuchen, obwohl das gerade in der Trauerzeit, in der wir uns lieber zurückziehen würden, besonders schwerfällt.

Ein weiteres Problem ist, dass Trauernde andere nicht mit ihren Problemen belasten möchten und sich auch davor scheuen, die berührenden Geschichten der anderen zu erfahren, da diese zusätzlich belastend sein könnten. Das sind sehr verständliche Bedenken und ich halte es für angebracht, beim Aufsuchen einer Gruppe diese Vorbehalte im Hinterkopf zu haben, ihnen aber keine allzu große Beachtung beizumessen. Die meisten Trauernden machen die Erfahrung, dass es hilfreich ist, mit anderen Betroffenen über die eigene und auch deren Trauersituation zu sprechen, sich über Befindlichkeiten und Erlebnisse auszutauschen, sich Tipps zu geben und sogar vielleicht gemeinsam etwas zu unternehmen. Jede Gruppe hat eine andere Dynamik und es ist schwer, im Voraus zu sagen, womit Sie rechnen müssen und können. Es ist ein kleines Abenteuer, sich darauf einzulassen, kann sich aber wirklich lohnen.

Leider gibt es noch immer viele Menschen, die weder eine Trauerbegleitung noch eine Therapie für sich in Erwägung ziehen. Sie halten eine Therapie für nicht sinnvoll, denn sie sind ja nicht verrückt – und das stimmt. Trauer ist keine psychische Erkrankung, bedarf aber in bestimmten Fällen einer professionellen Unterstützung wie bei anderen Lebenskrisen auch. Die Möglichkeiten der Hilfe durch Trauerbegleiter sind noch nicht so bekannt. Doch Therapeuten behandeln durchaus nicht nur psychisch kranke Menschen; sie setzen oft im Vorfeld, vorsorgend an, um eben psychischen Erkrankungen vorzubeugen. Trauerbegleiter gibt es inzwischen überall; erkundigen Sie sich bei Ihrem Arzt, in der Gemeinde nach Ansprechpartnern oder informieren Sie sich im Internet.

Kuren

Manche Krankenkassen übernehmen die Kosten für eine Kur im Trauerfall. So kann es kommen, dass sie mit Leuten in Kontakt kommen, die ganz andere Probleme haben als sie. Das können Ess-, Angst-, und Schlafstörungen sein, aber auch Burnout, Panikattacken und vieles andere mehr. Eine solche Mischung kann dazu führen, dass Sie sich fehl am Platz vorkommen, dennoch kann so eine Kur hilfreich sein, da Sie einen Tapetenwechsel und psychologische Unterstützung erhalten. Mittlerweile wird dieser Schwierigkeit der Themenmischung bei manchen Krankenkassen Rechnung getragen und es werden Kuren mit dem Schwerpunkt Trauer angeboten.

Wenn Sie sich also mit dem Gedanken tragen, eine Kur zu machen, fragen Sie gezielt bei Ihrer Krankenkasse nach einer Kur für Trauernde und warten Sie dann vielleicht lieber ein paar Wochen länger, bis Sie einen Platz bekommen. Das Feedback meiner Klienten über spezielle Trauerkuren war bisher einstimmig gut, wenn auch nicht immer alles perfekt war. Das Feedback über die gemischten Kuren war zwiegespalten. Sollten Sie sich aus Mangel an Angeboten für Trauerkuren für eine normale Kur entscheiden, ist es hilfreich, dass Ihnen vorher klar ist, was Sie erwartet, dann kann auch diese Variante hilfreich sein.

Trauer bei Kindern

Wie bereits erwähnt, zeigen Kinder und Jugendliche oft nicht so sehr, wenn sie trauern, damit sie ihre Eltern nicht noch zusätzlich belasten. Leider wird deshalb die Trauer der Kinder häufig kaum oder zu wenig beachtet. So halte ich es für angebracht, dem Kind einen Gesprächsplatz bei einem Therapeuten zu ermöglichen. Besser noch finde ich für Kinder eine Kindertrauergruppe. Dort treffen sie auf andere Kinder, die auch vom Verlust eines Elternteils betroffen sind, und erfahren, dass sie nicht alleine sind. Gerade bei jungen Menschen kann so ein außergewöhnliches Miteinander nicht nur punktuell in der akuten Situation helfen, sondern den gesamten weiteren Lebensweg positiv prägen. Leider gibt zu wenige Angebote in diesem Bereich und diese werden meist nicht staatlich unterstützt, sondern privat und auf der Basis von Spenden getragen. Lassen Sie sich dadurch bitte nicht davon abschrecken, sich jedenfalls bei Ihrem Arzt oder in der Gemeinde nach einer Kindertrauergruppe und Trauerbegleitung speziell für Kinder zu erkundigen.

Suizidgedanken

Im vorigen Kapitel hab ich bereits die Situation beschrieben, in der die Sehnsucht nach dem verstorbenen Menschen überhandnehmen kann und nach und nach Suizidgedanken den Alltag begleiten. Viele Trauernde beginnen auch, ihren Schmerz mit Alkohol, anderen Drogen und Antidepressiva zu betäuben, was zu Abhängigkeit und ebenfalls zu Suizid führen kann. Daher halte ich es für unbedingt erforderlich, auch wenn es, wie oben beschrieben, nicht immer ganz einfach ist, sich einen Therapieplatz zu suchen. Sollte Ihr Zustand so akut sein, dass Sie nicht sicher sind, ob Sie sich etwas antun, lassen Sie sich notfalls in eine Psychiatrische Klinik einweisen oder weisen Sie sich selbst ein. Bei einer Selbsteinweisung haben Sie den Vorteil, dass Sie sich auch selbst wieder entlassen können, wenn Sie den Eindruck haben, es ist besser so. Wichtig ist: Bleiben Sie in akuten Situationen nicht allein. Wenn Sie Freunde haben, die bei Ihnen übernachten können, wenn Sie sich selbst nicht mehr trauen, nehmen Sie dies bitte unbedingt in Anspruch. Und suchen Sie sofort Ihren Arzt auf; er wird Ihnen helfen, die Zeit zu überbrücken, bis Sie einen Therapieplatz haben.

Therapie, Trauerbegleitung oder Trauergruppe sind natürlich keine Garanten dafür, dass Sie immer stabil bleiben. Sich deshalb aber gleich keine Unterstützung zu nehmen, das hilft ganz sicher nicht. Mit der Entscheidung, sich professionelle Unterstützung zu suchen, nehmen Sie die Führung über Ihr Leben wieder ein Stück weit selbst in die Hand und bekommen wieder mehr Kontrolle. Das ist für eine erfolgreiche Trauerarbeit ein wichtiger Aspekt.

Wie Sie für eine hilfreiche Trauerbegleitung für sich sorgen können

Wenn Sie zum ersten Mal sehr nah von einem Todesfall betroffen sind, können Sie wahrscheinlich oft selbst nicht genau sagen, was Sie brauchen. Es wäre natürlich schön, ein Umfeld zu haben, das in der Lage ist, Sie hilfreich zu unterstützen. Da es sich aber meistens um ein Umfeld handelt, das selbst noch nicht so einen großen Verlust zu verarbeiten hatte, können Familie und Freunde oft einfach nicht wissen, was jetzt wichtig für Sie ist. Zudem ist es auch von Mensch zu Mensch verschieden, was ihm in der Trauerzeit wichtig ist.

Daher ist die eigene innere Klärung ein guter erster Schritt, anderen zu helfen, Sie zu begleiten. Was Sie selbst dazu beitragen können, ist, dass Sie es sich zum Ziel machen, das, von dem Sie bereits wissen, dass sie es brauchen, auch klar und deutlich zu formulieren. So eröffnen Sie wenigstens die Chance, dass ein Teil Ihrer Bedürfnisse beim Gegenüber auch ankommt. Leider ist das keine Garantie dafür, dass dann alles auch so geschieht, aber Ihre Chancen stehen besser, wenn Sie sagen, was Sie brauchen. Vergessen Sie dabei bitte nicht: Auch wenn Sie von der Situation am meisten betroffen sein sollten, sind die anderen ebenfalls zutiefst erschüttert und geschockt; und sie trauern ebenfalls.

Bilden Sie ein Hilfsteam

Für die meisten Trauernden ist es wichtig, dass ihnen verständnisvoll und urteilsfrei zugehört wird, auch wenn sie die Erlebnisse mehrmals erzählen und manche Gedanken immer wieder äußern. Elementar ist es auch, dass Sie von einem Umfeld umgeben sind, das sensibel spürt, wann Sie einen Zuhörer, wann Ablenkung und wann Sie besser Ihre Ruhe brauchen. Sie merken schon beim Lesen dieses Satzes: Es ist vermutlich zu viel verlangt, dass das wenige Menschen oder gar nur eine Person in Ihrem Umfeld leisten können. Daher ist es Ihre Aufgabe, sich ein »persönliches Helferteam« zusammenzustellen, deren Kompetenzen Sie im Idealfall je nach Bedarf abrufen können. So sind Sie für die nächste Zeit nicht nur gut aufgestellt, sondern es ist auch ein Schritt dahin, dass Sie Ihr Leben wieder selbst organisieren und gestalten. Das Schicksal hat Ihnen zwar hart mitgespielt, aber Sie reagieren darauf und gehen bewusst und aktiv damit um.

Sollten alte und gute Freunde unvermittelt aus Ihrem persönlichen Helferteam wegbrechen, weil diese mit Ihrer Trauer nicht umgehen können, ist das sehr bedauerlich. Versuchen Sie, sich nicht allzu lange davon blockieren zu lassen, indem Sie sich mit Vorwürfen und Selbstmitleid beschäftigen. Jetzt kommt es darauf an, dass Sie passgenaue Unterstützung erhalten und sich in solch einem Fall nach Ersatz umschauen.

Zu Ihrem persönlichen Helferteam könnten Menschen gehören, die für Ihre Ablenkung zuständig sind. Diese nehmen Sie mit auf Ausflüge, ins Kino, Theater, Museum etc. Außerdem brauchen Sie jemanden, der gerne mit Ihnen über den Verstorbenen spricht und Erinnerungen mit Ihnen teilt. In einem professionellen Trauerbegleiter finden Sie den Anteil, der Ihnen auch über das persönliche Unheil hinaus erklären kann, was Sie gerade durchmachen und womit Sie rechnen können.

Auch Menschen, die Ähnliches bereits durchlebt haben, halte ich für eine wichtige Bereicherung Ihres Teams. Auf jemanden zu treffen, der weiß, wovon Sie sprechen, ist im Trauerfall ein große Hilfe, sich nicht so allein und unverstanden zu fühlen. An diesen Menschen können Sie erkennen, dass das, was Sie gerade durchleben, irgendwann nicht mehr so wehtut und eine positive Entwicklung stattfinden kann.

In Trauergruppen finden Sie Leute, die selbst gerade mitten in der Verarbeitung stecken. Hier können sie akut Hilfe erhalten und Sie finden unter Umständen Teilnehmer, denen Sie mit Ihrer Geschichte und Ihren noch frischen Erfahrungen weiterhelfen können. Das vermittelt Ihnen ein gutes Gefühl, denn das bedeutet, dass Sie anderen auch helfen, indem Sie sich helfen lassen.

Und natürlich brauchen Sie für Ihre Krankheiten, die durch die Trauer und die Erschöpfung auftreten können, einen Arzt, der um Ihre spezielle Situation weiß, Sie sorgfältig untersucht und Sie gut berät.

Für das Körperliche ist, wenn es Ihre Gesundheit zulässt, zudem eine sportliche Betätigung empfehlenswert, am besten in einer Sportgemeinschaft, einem Sportverein oder auch in einer losen Gemeinschaft wie bei einer Laufgruppe. Vielleicht suchen Sie sich hierfür gezielt ein Umfeld, in dem Sie noch keiner kennt und keiner weiß, dass Sie gerade trauern. Das hat natürlich Nachteile, aber der Vorteil ist, dass Sie immer wieder Zeit mit anderen verbringen, die ganz natürlich und unbefangen mit Ihnen kommunizieren und umgehen. Das gibt Ihnen sozusagen eine kleine Auszeit von der Trauer, die für Ihre Seele sehr erholsam sein kann. Sicherlich ist der Zahl der Mitglieder im persönlichen Helferteam nach oben hin keine Grenze gesetzt. Wichtig ist aber: Sie sind selbst dafür zuständig, herauszufinden, wann Sie was brauchen und auf wen Sie dann bauen möchten und können. Es ist notwendig, dass Sie den Mut aufbringen, diese Hilfe abzufragen. Dabei kann es auch Enttäuschungen geben. Ist die große Aufgabe der Trauerbegleitung auf viele verschiedene Schultern verteilt, sind diese Enttäuschungen für alle besser zu verkraften, als wenn es im kleinen Kreis Konflikte gibt.

Es kann, wie bereits ausgeführt, vorkommen, dass sich Familienmitglieder, Freunde oder Bekannte zurückziehen. Das kann zu einer wenig hilfreichen Reaktion Ihrerseits führen, die ich Ihnen bewusst machen möchte, damit Sie diese möglichst vermeiden. Die Angst, alle oder die meisten Kontakte nach außen zu verlieren, kann zur Folge haben, dass Sie, obwohl Sie sich zur Zeit wenig belastbar fühlen, dazu neigen, sich von denen, die noch da sind, zu viel gefallen zu lassen. Schließlich tun Sie alles, nur um am Ende nicht völlig alleine dazustehen. Anfangs sehen Sie es dann beispielsweise vielleicht noch als willkommene Ablenkung, wenn andere mit ihren Problemen zu Ihnen kommen, gerne auch tief in der Nacht, weil Sie ja sowieso nicht schlafen können. Aber bald stellen Sie schmerzhaft fest, dass es sich um eine Einbahnstraße handelt und Ihre Probleme und Bedürfnisse eine deutlich untergeordnete Rolle spielen. Gut ist es dann, wachsam zu sein, damit die Grenze zur Ausnutzung nicht überschritten wird.

Von solchen Erfahrungen haben mir schon viele Trauernde berichtet. Das ist durchaus erklärbar, denn dadurch, dass Ihr Seelenleben im Moment so angegriffen ist, sind Sie leichte Beute für »bedürftige« Mitmenschen, die – meistens unbewusst – versuchen, daraus für sich einen Vorteil zu ziehen. Passen Sie bitte gut auf sich auf, seien Sie wachsam und hellhörig und grenzen Sie sich in einem solchen Fall klar ab.

Übrigens können aus meiner Sicht auch Bücher, Filme, Vorträge und Weiterbildungen zum Thema Trauer die Begleitung durch Ihr Hilfsteam unterstützen. Dadurch erweitern Sie Ihr Spektrum um ein Vielfaches. Besonders wichtig ist das gerade für Menschen, die kein oder nur ein kleines Unterstützerteam zusammenstellen können oder wollen oder unter Umständen leben, die den Besuch von Trauergruppen und Therapeuten sehr erschweren. Nehmen Sie beispielsweise an Vorträgen oder Weiterbildungen teil, treffen Sie dort auf Menschen, die sich ebenfalls mit dem Thema Trauer befassen. Es kann dort leichter sein, ins Gespräch zu kommen und passende Kontakte zu knüpfen. Auch dies hilft, sich nicht mehr so alleine mit der Trauer zu fühlen.

Anliegen von Trauernden gegenüber ihrem Umfeld

Planen Sie Enttäuschungen und Konflikte ein, wobei es natürlich gut ist, wenn unerfreuliche Erfahrungen mit Ihrem Umfeld ausbleiben. Nicht gut ist, sich von ihnen überrumpeln zu lassen. Um das zu vermeiden, ist es hilfreich, sich zu äußern – und dafür gilt es, sich der eigenen Bedürfnisse bewusst zu sein.

Es gibt einige Anliegen und Erwartungen für die Trauerbegleitung, die meiner Erfahrung nach die meisten Trauernden haben, wenn auch oft eher unterbewusst. Daher liste ich sie nachfolgend auf. Sollte etwas davon so gar nicht zu Ihrem Zustand passen, dann ignorieren Sie diese Punkte einfach. Sie sollen Ihnen als Anregung dienen, um sich klar darüber zu werden, was Sie brauchen.

Anliegen gegenüber der Familie und Freunden

- Sie möchten vom Leben nicht ausgeschlossen werden, als seien Sie mitgestorben.
- Sie möchten nicht gemieden und nicht mit Samthandschuhen angefasst werden.
- Sie hätten gerne, dass es Menschen gibt, die den Mut haben, wenn auch nur für kurze Zeit, zu Ihnen in Ihre Trauerwelt zu kommen.
- Sie möchten, dass andere Ihnen zuhören und begreifen, dass es hilfreich in der Verarbeitung sein kann, wenn Sie das Erlebte noch mal und noch mal erzählen, um sich Erleichterung zu verschaffen.
- Sie möchten mit anderen Erinnerungen über den Verstorbenen austauschen, ohne dass dann alle unangenehm berührt verstummen und schnell das Thema wechseln.
- Sie möchten nicht unter Zeitdruck stehen, mit der Trauer in wenigen Wochen abgeschlossen zu haben.
- Sie möchten nicht, dass Ihr Umfeld darauf lauert, dass es Ihnen wieder besser geht, und einen guten Moment oder

Tag zum Anlass nimmt, Ihre Trauerzeit als beendet zu betrachten, um wieder zum normalen Leben überzugehen, als sei nichts gewesen.

- Sie möchten keine Ratschläge erhalten wie »Du musst nach vorne schauen und weitermachen«. Denn nichts ist mehr wie zuvor und es wird niemals mehr so sein. Wieder nach vorne zu schauen und weiterzumachen, das muss erst erarbeitet und entwickelt werden und benötigt Zeit.
- Sie möchten um kleine Gefälligkeiten und Erledigungen bitten können, wenn Sie sich selbst zu schwach oder überfordert fühlen.
- Es wäre hilfreich, wenn Ihr Umfeld Ihnen konkrete Hilfe anbietet und diese dann auch zuverlässig leistet (Auto waschen, zur Reparatur bringen, Rasen mähen, Holz hacken, Einkäufe erledigen, beim Papierkram helfen, zum Arzt begleiten etc.).
- Es würde Ihnen helfen, wenn Sie gut gemeinte Hilfsangebote, die Sie im Moment nicht annehmen möchten, ablehnen dürfen, ohne dass der andere sich dadurch verletzt oder vor den Kopf gestoßen fühlt.

Erwartungen an eine Trauergruppe

- Hier ist der Ort, an dem Sie Menschen, die selbst in einer ähnlichen Situation sind, treffen.
- Hier werden Ihre Tränen verstanden und nicht als unangenehm betrachtet.
- Hier wird Ihre Geschichte verständnisvoll aufgenommen.
- Hier hören Sie Geschichten, die Sie berühren und Ihnen klar machen, dass nicht nur Sie alleine von einem großen Verlust betroffen sind.
- Hier können Sie auf Leute treffen, die davon erzählen, wie sie versuchen, mit allem zurechtzukommen. Vielleicht sind da Anregungen für Ihren Weg dabei.

- Hier treffen Sie auf Menschen, denen Sie keine Entschuldigung oder Rechenschaft für Ihre Tränen geben müssen.
- Hier finden Sie vielleicht Menschen, die Ihnen sehr sympathisch sein können. Es können neue Freundschaften entstehen.
- Hier eröffnen sich möglicherweise Gelegenheiten, gemeinsame Zeit auch außerhalb der Gruppe zu verbringen.
- Hier können Sie sich vernetzen und sich an manche der Teilnehmer wenden, wenn Ihnen mal wieder alles zu viel wird.
- Hier wird auch viel und befreiend gelacht, ohne dass Sie ein schlechtes Gewissen zu haben brauchen oder Ihr Umfeld meint, es ginge Ihnen wieder gut und es kann weitergemacht werden, als sei nichts geschehen.
- Hier treffen Sie Menschen, die vielleicht schon ein paar Wochen oder Monate weiter auf ihrem Trauerweg sind, und können von deren Erfahrung profitieren und erleben, dass die Trauerzeit eine Entwicklung ist, bei der es Ihnen irgendwann wieder besser gehen wird.
- Das gegenseitige Verständnis, die Hilfe und das Gebrauchtwerden können tröstend wirken.

Erwartungen gegenüber einem professionellen Trauerbegleiter oder einem Therapeuten

- Hier können Sie alles sagen, was sie bedrückt, ohne Rücksicht nehmen zu müssen.
- Sie können sich erklären lassen, was in Ihnen vor sich geht, was auf Sie zukommen kann und wie Sie damit umgehen können.
- Es wird Ihnen versichert, dass Ihre Trauerreaktionen ganz normal sind und viele Vergleichbares durchleben.
- Hier ist ein guter Platz, über die Sehnsucht nach dem Verstorbenen zu sprechen

- Sie wissen, dass es wichtig ist, eventuelle Suizidgedanken anzusprechen, wenn es der Begleiter/Therapeut nicht von alleine tut.
- Ihnen wird im Ernstfall geholfen, eine Lösung zu finden, bis Sie sich wieder stabilisiert haben.
- Sie bekommen Anregungen, wie Sie Ihre Trauer verarbeiten und das Andenken an Ihren geliebten Menschen würdig wahren können.
- Sie erhalten Hilfe, wenn noch Unstimmigkeiten und Ärger zwischen Ihnen und dem Verstorbenen bestanden haben.
- Sie bekommen einen Ausblick darauf, dass Ihr Leben nicht immer von der Trauer überschattet sein wird, auch wenn Sie es sich im Moment noch gar nicht anders vorstellen können, sich aber danach sehen, wieder frei durchatmen zu können.

Welche Schwierigkeiten können auftreten

Die folgenden Punkte sollen Sie nicht davon abhalten, sich Hilfe zu suchen. Wenn Sie auch auf Schwierigkeiten vorbereitet sind, belastet es Sie nicht mehr so stark, wenn sich eine Hürde auftut. Sollten Sie mit einer der folgenden oder ähnlichen Schwierigkeiten konfrontiert werden, dann lassen Sie sich nicht entmutigen; suchen Sie eventuell mithilfe einer Vertrauensperson weiter nach einer für Sie stimmigen Unterstützung.

- Es ist kein Therapieplatz frei.
- Es gibt nur Therapieplätze, die Sie selbst bezahlen müssen.
- Es ist kein Platz in der Trauergruppe frei.
- Sie kommen mit einigen Teilnehmern der Trauergruppe nicht zurecht.
- Die Fluktuation in der Gruppe ist hoch.

- Die Gruppenregeln kommen Ihnen merkwürdig vor.
- Der Therapeut/Trauerbegleiter passt nicht zu Ihnen.
- Es gibt keine Angebote in Ihrer Nähe.

An dieser Stelle möchte ich noch einmal betonen: In Krisen und bei Trauer ist es sehr wichtig, sich nicht zu überschätzen und zu glauben, dass man mit dem größten anzunehmenden Unheil im Leben, dem Tod eines geliebten Menschen, alleine zurechtkommen muss. Suchen Sie sich Hilfe.

Und ich möchte Ihnen einen Gedanken mitgeben, der Ihnen vielleicht auch über große Hürden hilft: Ich halte die Vorstellung für trostreich, dass diese ungewollte und alles überschattende Lebenskrise dazu führen kann, dass wir mitfühlender, erfahrener und weiser werden und somit der geliebte Mensch auf diese Weise auch über seinen Tod hinaus eine positive Wirkung auf unser Leben haben kann.

Ist die Arbeit mit einem Medium Unsinn?

Das Thema Medium wird zwischen »Unsinn« und »große Hilfe« extrem gegensätzlich diskutiert; ich möchte es hier aufgreifen, weil sich viele Trauernde, die einen geliebten Menschen verloren haben, Fragen dazu stellen, diese aber meistens nicht offen auszusprechen wagen.

Es gibt Menschen, die ihre Gabe als Medium anbieten, um Kontakt zu Verstorbenen aufzunehmen. Ist das Unsinn, sind das Scharlatane und Betrüger? Oder bieten diese Menschen einen tatsächlich gangbaren Weg?

Weiter oben habe ich bereits ausgeführt, wie lebensbedrohlich manche Phasen der Trauer für den Trauernden wirken können. Gerade beim Verlust eines Kindes oder eines Partners ist die Sehnsucht manchmal so groß, dass sie nicht mehr auszuhalten ist. Ein Medium könnte Trauernden in einer solchen Situation als eine große Hilfe erscheinen.

Wie ist die Arbeit mit jemandem, der seine Fähigkeiten als Medium anbietet, einzuschätzen? – Nehmen wir einmal an, Sie würden auf jemanden treffen, der sein Handwerk versteht, Sie bekämen Kontakt zum Verstorbenen, könnten etwas mit der Botschaft anfangen und wären Ihrem inneren Frieden wieder ein großes Stück näher. Das würde ich jedem wünschen. Würden Sie an einen Betrüger geraten, wäre es trotzdem möglich, dass Sie das, was Ihnen da vorgegaukelt wird, glauben und sich getröstet fühlen. Ein gar kein so schlechtes Ergebnis. Im schlechtesten Fall haben Sie womöglich das Honorar für das Medium umsonst ausgegeben und sind nun enttäuscht oder sogar verwirrt, weil die Dinge, die Ihnen gesagt wurden, einfach keinen Sinn ergeben. Oder Sie sind doch zu der Überzeugung gelangt, dass die ganze Sache mit dem Kontaktaufnehmen über ein Medium Scharlatanerie ist. Die Suche jedoch nach einem Medium, die Auseinandersetzung mit diesem Thema, der Termin an sich, der Weg dorthin – all das können Faktoren sein, die Sie in Ihrer dunkelsten Stunde davon abgehalten haben, zum Äußersten zu gehen, denn es erschien Ihnen als möglicher Ausweg. Daher halte ich es auch für durchaus gangbar, auf die Kräfte eines Mediums zu setzen – ob es die nun tatsächlich gibt oder nicht. Wenn Ihre Seele am liebsten schon im Jenseits wäre, sind auch umstrittene Wege, das zu verhindern, akzeptabel.

> **Affirmation**
> Nur für heute kann ich frei atmen, denn ich weiß, ich kann mir jederzeit helfen lassen.

Kapitel 9: Der Todestag jährt sich zum ersten Mal

Jeder trauert anders und unterschiedlich lange. Die sogenannten Trauerphasen, von denen jeder Trauernde früher oder später hört, verlaufen nicht regelhaft in einer bestimmten Reihenfolge ab, sondern die den Phasen zugeordneten Reaktionen und Verhaltensweisen können auch zu anderen Zeiten in der Trauer, gleichzeitig oder gar nicht auftauchen. Mehr dazu erfahren Sie zum Abschluss dieses Kapitels.

Der Begriff Trauerphasen verleitet zu der Vorstellung, dass die Trauer in Phasen verläuft, in denen die Trauer unterschiedlich stark ist. Zutreffend ist dagegen, dass die Trauer in Wellen kommt. Anfangs kommen diese Wellen mehrmals täglich mit einer Stärke, von der man glaubt, sie nicht aushalten zu können. Über die Zeit hinweg schwappen diese Wellen etwas seltener und nicht mit so einer Urkraft wie anfangs über uns hinweg. Das liegt zum einen daran, dass schon ein gutes Stück des Trauerweges hinter uns liegt und Trauerarbeit geleistet wurde. Zum anderen sind wir in Sachen Trauer nicht mehr so ungeübt wie zu Anfang. Wir haben gelernt, dass wir diese Wellen überleben können, dass sie kommen und auch wieder gehen. Als »Trauer-Neuling« hat man die Vorstellung nicht, dass dieser Schmerz, den eine solche Welle mit sich bringt, je wieder aufhören würde.

Generell möchte ich darauf hinweisen, dass es gilt, das erste Trauerjahr vor allem zu überstehen. Daher erwarten

Sie nicht zu viel von sich und anderen. In erster Linie leiden Sie darunter, dass das Leben aus den Fugen geraten ist, aber auch die meisten Menschen in Ihrem Umfeld sind betroffen.

Der erste Todestag naht

Wir sind zu jemandem geworden, der wir nie sein wollten, denn wir kennen uns beim Thema Trauer aus eigenem Erleben mehr und mehr aus. So ist es bei einigen Trauernden möglich, dass zwischen dem sechsten und dem neunten Monat im ersten Trauerjahr etwas mehr Frieden und Stabilität in das neue Leben einkehren können. Zwar gibt es immer wieder schlechte Tage, aber es sind auch gute darunter und sie häufen sich allmählich. Wir beginnen darauf zu vertrauen, dass es jetzt wieder aufwärtsgeht. Nun kommt es zu einem Phänomen, das den hart erarbeiteten Boden unter den Füßen wieder ins Wanken bringen kann: Der erste Todestag naht.

Die Zeitspanne variiert natürlich von Person zu Person, aber etwa drei Monate vor dem ersten Todestag kommen die Wellen wieder stärker zurück. Für viele ist das sehr irritierend, denn es fühlt sich an, als sei keine Zeit vergangen, und der Schmerz beginnt wieder ganz von Neuem mit seiner ganzen unerbittlichen Härte. Da das nicht bekannt ist, rechnen Trauernde meist nicht damit und es breitet sich deshalb bei vielen Betroffenen eine große Verzweiflung aus. Gerade hatten sie wieder etwas Mut und Kraft geschöpft und nun tut sich abermals ein abgrundtiefes Loch vor ihnen auf. Doch auch dies gehört zur Trauer dazu.

In der Zeit vor dem ersten Todestag fühlen Trauernde oft auch wieder verstärkt eine innere Unruhe. Sie sind ungeduldig und frustriert mit sich und ihrem Umfeld und fühlen wenig Verbindung zu den neu aufkeimenden hoffnungsvollen und positiven Gefühlen, die sich in den Wochen zuvor entwickelt hatten.

Aus Unkenntnis über dieses Phänomen ordnen Trauernde es als eine Art Rückfall und als ihr persönliches Versagen ein, was die Unzufriedenheit mit der Gesamtsituation wiederum verstärkt. Nicht zu verstehen, was da passiert und woher es kommt, daraus ziehen Trauernde oft diesen Fehlschluss: Sie haben irgendetwas falsch gemacht. Und sie fürchten, dass das Trauerkarussell nie aufhört, sich zu drehen.

Der Hintergrund für diese zurückkehrenden schweren und unangenehmen Gefühle haben damit zu tun, dass sich bald der Tag jährt, seit dem nichts mehr so ist, wie es einmal war. Auch nach all diesen traurigen Wochen und Monaten ist es so, dass sich alles in uns dagegen sträubt, diesen Tag zu erleben. Ähnliches geht auch in den folgenden Jahren in der Zeit vor dem Todestag vor sich. Meistens ist es jedoch im ersten Trauerjahr sehr heftig, weil wir diese Gefühle im Zusammenhang mit der Trauer noch nicht kennen, sie nicht einordnen können und nicht daran gewöhnt sind.

Der Todestag selbst verläuft bei den meisten Trauernden, im Gegensatz zu der Zeit davor eher ruhig und ist nicht so belastend wie befürchtet. Danach geht es uns langsam wieder besser und wir befinden uns wieder auf dem zwar noch frischen aber etwas sichereren Terrain, das wir uns in den letzten Monaten erarbeitet hatten. Allerdings geschehen auch am Todestag manchmal merkwürdige Dinge, die einen sehr stressen, unter Umständen auch haarsträubend klingen oder an die Nach-Tod-Erfahrungen erinnern, über die ich im Kapitel 7 geschrieben habe.

Wie der erste Todestag begangen werden kann

Auch hier gilt: Es gibt kein Richtig oder Falsch. Es kann ganz bunt und turbulent zugehen oder ruhig und der Trauernde bleibt lieber für sich. Die lebhafte Variante zu wählen trauen sich immer mehr Angehörige.

Eine meiner Klientinnen beispielsweise hatte ihren Mann ganz plötzlich durch Herzversagen verloren. Sie hatten jahrelang gemeinsam in einem Tanzverein getanzt. Er war der Leiter der Tanzgruppe gewesen. Am ersten Todestag trafen sich alle Mitglieder der Gruppe mit Kerzen, Sekt und CD-Player, als es schon dunkel war und sie keine anderen Gäste auf dem Friedhof mehr störten an seinem Grab und tanzten dort zu seinem Lieblingslied.

Eine andere Klientin lud zum ersten Todestag ihrer Lebenspartnerin alle Freunde zu einem gemeinsamen Brunch in ihr Lieblingsrestaurant ein, das sie extra gemietet hatte, und es gab alle Lieblingsspeisen der Verstorbenen.

Eine andere Trauernde machte genau am ersten Todestag ihres Mannes ihren Bootsführerschein, denn sie hatten wenige Wochen, bevor er starb, gemeinsam ein kleines Hausboot gebaut und nur er hatte einen Bootsführerschein gehabt.

Viele Trauernde begehen den Tag lieber ganz für sich im Stillen, machen Ausflüge an gemeinsame Lieblingsstellen oder buchen einen Wellnesstag in schöner Umgebung, um sich etwas Gutes zu tun. Einfach gar nichts zu tun und den Tag an sich vorbeiziehen zu lassen ist ebenfalls eine Möglichkeit. Es hängt ganz von Ihnen, Ihren Wünschen und Ihren Kräften ab.

Wenn Sie in der Zeit vor dem ersten Todestag in sich hineinhorchen, wird sich vielleicht wie von selbst eine Antwort auf Ihre Frage einstellen, wie Sie den Tag begehen. Sie können aber auch mit anderen, mit Freunden oder Mitgliedern Ihrer Trauergruppe oder mit der Trauerbegleiterin über Ihre Gedanken darüber sprechen. Trauen Sie sich auch, Ihre Ängste davor und möglicherweise Ihnen selbst zunächst merkwürdig erscheinende Ideen zur Gestaltung des Tages zu äußern. Sie sind nun schon so weit gegangen; jetzt können Sie bestimmt den Mut aufbringen, sich Hilfe zu suchen, wenn Sie diese vor und an diesem schwierigen Jahrestag benötigen.

Was sich noch bemerkbar macht

Stellen Sie sich darauf ein, dass noch wochen- und monatelang nach dem Tod des geliebten Menschen vieles, was an die Krankheit und den Leidensweg erinnert, belastende Gefühle in Ihnen auslöst. Das kann so weit gehen, dass Sie eine Panikattacke bekommen, wenn Sie an einem Unfallgeschehen vorbeikommen, weil Sie plötzlich daran erinnert werden, wie Ihr geliebter Mensch in einem Unfall ums Leben kam. Nasse Hände und Unruhe können auftauchen, wenn Sie in die Nähe des Krankenhauses kommen, in dem der Verstorbene behandelt wurde. Alles mögliche in ihrem Alltag kann die Erinnerung wecken und unangenehme Gefühle auslösen.

Das nahe und persönliche Erfahren der Endlichkeit unseres Lebens hat Folgen für unser Gefühl von Sicherheit, Geborgenheit und Unsterblichkeit. An sich wissen wir alle, dass es nicht selbstverständlich ist, dass es uns gut geht, aber nachdem wir einen schweren persönlichen Verlust erleben mussten, nehmen wir die Endlichkeit des Lebens und auch Gesundheit ganz anders wahr.

Wenn jemand im nahen Umfeld durch eine tödliche Krankheit stirbt, kann es sein, dass Sie bald ähnliche Symptome auch an sich feststellen. Auch ohne diese Pseudo-

Symptome, denn die Krankheitsanzeichen sind tatsächlich in den allermeisten Fällen nur eingebildet, haben Sie nun eine diffuse oder auch konkrete Angst davor, ebenfalls zu sterben.

Die Symptome und Ängste verschwinden mit der Zeit wieder und Sie gewinnen Tag für Tag wieder mehr Sicherheit unter Ihren Füßen.

So ein Grenzerlebnis, wie es der Verlust eines geliebten Menschen ist, verändert Sie nachhaltig.

- Kurzfristig tauchen Ängste auf, Sie fühlen sich nonstop überfordert, verzweifelt und allein.
- Mittelfristig erarbeiten Sie sich Erfahrung und Wissen, sind aber auch erschöpft und kraftlos.
- Langfristig wird Ihr Leben nie wieder so sein, wie es war, Sie haben aber neue Perspektiven und Möglichkeiten vor sich und wissen um Ihre seelische Kraft und Kompetenz, die Sie für andere Lebenskrisen und Schwierigkeiten einsetzen und mit anderen teilen können.
- In allen drei Zeitspannen wird Mitgefühl für sich selbst und andere eine größere Rolle spielen als bisher.

Trauerphasen

Verschiedene Trauerforscher und Trauerbegleiter unterteilen die Trauer in verschiedene Phasen. Die meisten Modelle sind sich sehr ähnlich. Leider werden sie oft als Regel, wie eine Trauer zu verlaufen hat, missverstanden. Dadurch geraten viele Trauernde regelgerecht unter Druck zu trauern; sie denken, es stimmt etwas nicht mit ihnen, wenn ihre Trauer nicht so verläuft, wie es in den Phasenmodellen beschrieben wird. Es wird in der Trauerforschung und professionellen Trauerbegleitung immer wieder betont, dass es sich hier lediglich um Modelle handelt, die versuchen, den Prozess der Trauer verständlicher zu machen, und dass es normal ist, wenn diese Phasen ineinandergreifen oder ganz anders verlaufen. Auch die Zeiträume, die die Phasen beanspruchen, sind individuell sehr unterschiedlich.

Ich stelle im Folgenden das Modell von Verena Kast[13] kurz vor, damit Sie einen Überblick über eines der Modelle haben, die Ihnen während Ihrer Trauer begegnen mögen. Lassen Sie sich von solchen Modellen jedenfalls nicht von Ihrem persönlichen Weg der Trauer abbringen.

Verena Kast unterteilt die Trauer in vier Phasen.

Erste Phase: Leugnen – nicht wahrhaben wollen
Für Tage und manchmal auch für Wochen nach der Todesnachricht steht der Betroffene unter Schock und kann es nicht glauben, dass der geliebte Mensch nicht mehr kommen wird. Den Leichnam noch einmal zum Abschied zu sehen, ihn zu berühren, kann bei der Realisierung der unglaublichen Wahrheit unterstützend wirken. Ebenso trägt das Beerdigungsritual und alles, was dazugehört, dazu bei, die neue Situation zu begreifen und zu verarbeiten, auch wenn das für Trauernde ungeheuer anstrengend ist.

Zweite Phase: Aufbrechende Emotionen
Mit meist großer Intensität brechen in dieser Phase die Gefühle über unsere Seele und unser Sein herein. Hier kann es zu einem erschütternden Durcheinander entgegengesetzter Gefühle kommen: von Erleichterung, dass der geliebte Mensch nicht mehr leiden muss, über Wut auf den Verstorbenen, dass er uns alleingelassen hat, bis zu Vorwürfen gegen nahezu jeden, der uns über den Weg läuft, einschließlich uns selbst. Die Selbstvorwürfe gehen meist in die Richtung, nicht genug für den Verstorbenen getan zu ha-

ben. Vermeintliche Versäumnisse führen ein virulentes Eigenleben und rauben uns den so nötigen Nachtschlaf. Auch vor Gott wird hier oftmals nicht Halt gemacht. Viele erleben sich so wütend und vorwurfsvoll wie noch nie zuvor in ihrem Leben und mögen sich selbst nicht mehr im Spiegel anschauen. Dennoch wird der wütende Anteil in dieser Phase eher als gesund und hilfreich erachtet, verhindert er doch, dass der depressive Part in dieser Phase zu viel ungesunden und unter Umständen auch lebensbedrohlichen Raum einnimmt. Gerade in dieser Zeit manifestiert sich der Wunsch, ebenfalls tot zu sein, besonders stark. So gesehen ist die Wut also eher etwas, das uns hilft zu überleben. Um in der Trauer nicht stecken zu bleiben, ist es für Trauernde hilfreich, die aufkommenden Gefühle zuzulassen, bevor sie das Gefühl bekommen, daran zu ersticken oder Schlimmeres.

Dritte Phase: Suchen, Finden, Loslassen

Auch in dieser Phase treten noch Wut und Depression auf, doch verändert sich der Umgang mit dem Toten. Manche Trauernde sehen sich nun endlich in der Lage, Kleidungsstücke wegzugeben und Erinnerungsstücke zu sichern. Erinnerungen an die gemeinsam verbrachte Zeit spielen nun eine größere Rolle. Das innere Zwiegespräch mit dem Verstorbenen ist in den Alltag integriert. In dieser Phase ist der Trauernde mit dem Prozess beschäftigt, die Beziehung zum Verstorbenen neu zu definieren und einen geschützten inneren Ort für ihn zu finden. Es besteht aber auch die Gefahr, dass Erinnerungen eingefroren werden und in vielerlei Hinsicht Veränderung ausgeschlossen wird. Das heißt, der Trauernde bleibt in dieser Phase hängen, was dazu führt, dass die vierte Phase nicht erreicht werden kann.

Vierte Phase: Akzeptanz und Neuanfang

Akzeptanz und Neuanfang sind für viele Trauernde innerhalb des ersten Jahres nicht zu erreichen, und das ist auch in Ordnung so. Wichtig ist, auf dem Weg zu sein und in Bewegung zu bleiben. Im Idealfall kann der Verlust als Realität akzeptiert werden. Ebenso wie die Erkenntnis, dass Schicksalsschläge zum Leben dazugehören. Dieser hart erarbeitete Status ermöglicht dann das erneute Öffnen für die Welt und neue Beziehungen. Damit keine Missverständnisse entstehen: Ist ein Partner verstorben, können sich auch Trauernde nach einiger Zeit auf eine neue Liebe einlassen, sei es nach einigen Monaten oder nach Jahren. Oft ist dieser Schritt mit großen Verlustängsten verbunden, auch den neuen Partner wieder zu verlieren. Durch das Erleben dieses alles überschattenden Schmerzes ist es nicht verwunderlich, wenn eine Annäherung an einen neuen Partner viel Verständnis und Geduld erfordert. Beim Verlust eines Kindes oder Partners geht die neuere Trauerforschung davon aus, dass die Trauer drei bis fünf Jahre anhalten kann, ohne unbedingt als pathologisch oder kompliziert bezeichnet werden zu müssen.

In der neueren Trauerforschung und der aktuellen Trauerbegleitung wird davon abgesehen, den Trauernden in die Richtung zu drängen, den Verstorbenen loszulassen. Was gut gemeint ist, setzt den Betroffenen hauptsächlich unter Druck und man erreicht das Gegenteil, denn je mehr von außen das Loslassen propagiert wird, umso mehr wird sich an die Erinnerung und an den Verstorbenen geklammert. Loslassen kann nicht das Ziel der Trauerarbeit sein, denn die Liebe wie auch die Erinnerung an den Toten sterben nicht. Das Ziel ist es, die Beziehung neu zu definieren und zu leben, indem man akzeptiert, dass der andere nicht mehr körperlich da ist, aber in uns weiterlebt.

Affirmation

Nur für heute bin ich stolz auf mich, dass ich den weiten Weg bis hierher geschafft habe, ohne aufzugeben und zu verzweifeln, auch wenn es manchmal danach aussah.

Kapitel 10: Wie geht es weiter?

Immer wieder möchte ich Sie bestärken, Ihren Weg zu gehen. Haben Sie den Mut, das einzufordern, was Sie brauchen, und dann irgendwann auch den nächsten Schritt in ein Leben zu wagen, das von dem abweicht, was Sie belastet und bremst.

Kein Buch, kein Freund, kein Therapeut oder Trauerbegleiter wird verhindern können, dass Sie eventuell Zeiten durchleben, in denen Sie glauben, nicht mehr genug Kraft und Lebensfreude zu besitzen, den Verlust auszuhalten und zu überwinden. Der Verlust eines geliebten Menschen, eines Kindes oder eines Partners ist eine persönliche Katastrophe. Wenn die Verarbeitung schwer für Sie ist, ist das normal und liegt nicht daran, dass Sie nicht richtig trauern oder loslassen können. Selbstverständlich gibt es Fälle von pathologischer Trauer. Solange Sie sich aber mit Ihrer Trauer auseinandersetzen, sich Unterstützung holen und sich selbst in diesem Prozess viel Zeit und Geduld zugestehen, werden Sie zwar nicht unversehrt, aber gestärkt und mit einer größeren Tiefe daraus hervorgehen können.

In der neueren Trauerforschung wird wie bereits ausgeführt davon ausgegangen, dass es beim Verlust eines Kindes oder Partners drei bis fünf Jahre dauern kann, bis Sie das Gefühl haben, dass es Ihnen wieder besser geht. Ist das erste Trauerjahr überstanden, werden die Zeiten, in denen die Wellen der Trauer mit ihrer ganzen Wucht über Ihnen zusammenschlagen, allmählich seltener und die Wellen sanfter. Aber auch das ist kein verlässlicher und kontinuierlicher Prozess. Es kann immer wieder Auslöser für heftigen Trauerschmerz geben, mit dem Sie gar nicht gerechnet haben, und die Sehnsucht übernimmt wieder das Steuer. Doch allmählich lernen Sie sich auf die Erfahrung zu verlassen, dass Sie auch diesen Schub überstehen werden.

Die Trauer verändert sich nach dem ersten Jahr. Sie bekommen langsam wieder mehr von Ihrer Umwelt mit und entwickeln neue Bedürfnisse. Neue Menschen sind in Ihr Leben getreten und manche Ihrer früheren Freunde und Bekannten spielen vielleicht keine Rolle mehr in Ihrem Leben. Sie haben das Leben von einer ganz anderen Seite kennengelernt. Ein Stück weit haben Sie Ihr Urvertrauen verloren. Sie haben nun durch Ihre eigene Erfahrung erlebt, dass unser Glück und unsere Gesundheit keine Selbstverständlichkeiten sind. Wir können uns nicht darauf verlassen, dass sie bei uns bleiben werden. Das Einzige, worauf Sie sich verlassen können, sind Sie selbst – Ihre Resilienz und die Fähigkeit von Körper, Geist und Seele zu innerem Wachstum, Entwicklung und Rekonvaleszenz.

Sie haben auch erfahren, dass der Tod die Liebe nicht töten kann; er verändert nur die Ausdrucksmöglichkeiten der Liebe.

Die Tatsache, dass nach dem Tod eines geliebten Menschen nichts mehr so ist wie zuvor, löst zunächst Schrecken und Abwehr aus. Doch birgt dieser Umstand erstaunlicherweise auch das Potenzial, danach gerade nicht wieder ein Leben wie zuvor zu führen, sondern die Veränderung willkommen zu heißen, an ihr zu wachsen, mit ihr umzugehen, mit ihr zu spielen, sie zu fordern und Neues auszuprobieren. Sie können nun mutiger sein, denn Sie haben in der letzten Zeit sehr viel überstanden und geleistet. Ihre Werte haben sich verschoben. Ihre Wahrnehmung darüber, was im Leben wichtig ist, ist eine andere geworden. Sie sind nicht mehr der Mensch, der Sie einmal waren, und überprüfen nun Ihr Leben und Ihr Umfeld daraufhin, ob es noch zu Ihnen passt.

Kreativität nutzen

Die Jahre nach dem ersten Trauerjahr sind oft noch sehr schwer, auch wenn die Trauer nicht mehr ganz so willkürlich und plötzlich Ihren Alltag zu durchkreuzen scheint. Der Verlauf ist natürlich bei jedem unterschiedlich, aber allmählich wird es leichter, das Erlebte auch kreativ zu verarbeiten. Gerade bei der Verarbeitung durch Malen, Schreiben, Gestalten, Modellieren und Formen, übernehmen Sie zumindest für den Augenblick des Schaffens die Regie. Diese Handlung schwingt tief in Ihre Seele hinein und signalisiert, dass Ihnen nicht alles aus den Händen geglitten ist. Das kreative Schaffen unterstützt Sie dabei, dass Sie nicht in Trauer versinken, lenkt Sie jedoch auch nicht vom Eigentlichen ab, denn durch die kreative Verarbeitung der Trauer beschäftigen Sie sich mit ihr. Sie geben ihr neue Formen und Gesichter und sind ihr so nicht mehr gänzlich ausgeliefert; Sie beginnen, Ihrer Trauer Ausdruck zu verleihen und sie zu gestalten.

Kam Ihnen die Welt im letzten Jahr grau und farblos vor, kehrt vielleicht nun im kreativen Ausdruck, aber auch im übertragenen Sinn nach und nach die Farbe in Ihr Leben zurück.

Neue Fähigkeiten entdecken, verschüttete wiederbeleben – eine Lebenskrise kann bewirken, dass selbst Menschen, die sich nicht für kreativ halten, etwas ausprobieren und entdecken, dass man keine Frieda Kahlo oder Cornelia Funke zu sein braucht, um Spaß daran zu haben, Neues zu kreieren. Es gibt verschiedene Möglichkeiten, gestaltend zu verarbeiten und dabei abzuschalten:

- Konkrete Verarbeitung des Erlebten mit therapeutischer Begleitung (Schreiben, Malen, Bildhauern etc.).
- Alleine gestalterisch der Trauer Ausdruck verleihen.
- Aus persönlichen Dingen wie Fotos und Kleidung des Verstorbenen Erinnerungsstücke gestalten (beispielsweise Collagen oder Patchworkdecken).
- Erinnerungsstücke anfertigen lassen: Dabei sind Sie nur bedingt kreativ, weil Sie zwar eine Idee haben, diese aber von anderen ausführen lassen.
- Kreativkurse zu ganz neutralen Themen besuchen, um sich einfach nur an der Entstehung von Formen und Bildern zu freuen. Dabei können Sie unter Leuten sein, die nicht um Ihren Hintergrund wissen und Sie nicht meiden oder mit Samthandschuhen anfassen.

Anderen helfen

Ihr Trauerweg hat Sie empfindlicher und in gewisser Weise durchlässiger gemacht. Ihr Mitgefühl ist gewachsen, Ihre Augen erfassen schneller als früher, wenn jemand in seelischer Not ist oder Unterstützung braucht. Die Erfahrungen, die der Tod in ihr Leben gebracht hat, weckt in vielen Trauernden den Wunsch, etwas Sinnvolles mit ihrem Leben anzufangen und über den Kreis der Familie und Partnerschaft hinaus selbstlos für andere da zu sein. Wieder gebraucht werden ist für viele wichtig und gehört zum Leben dazu. Bricht es durch den Tod weg, dass Sie sich wichtig für jemanden fühlen, kann das frustrierend sein, Gefühle von Sinnlosigkeit begründen. Suchen Sie sich aktiv neue Wirkungsfelder, in denen Sie sich wohlfühlen.

Sich selbst neu definieren

Es kann sicherlich noch Monate, vielleicht Jahre dauern, in denen die Trauer Ihr Leben bestimmt. Doch irgendwann tritt die Trauer zurück und Sie erhalten nun den Freiraum, nachzuspüren, wie Sie sich selbst wahrnehmen, wer Sie sein wollen und was davon nach außen sichtbar sein soll und darf. Trauernde nehmen den Übergang genau wahr, wenn die Trauer nicht mehr ihre anderen Lebensbereiche überschattet, alte Bereiche aber teilweise ausgedient und die neuen sich noch nicht entwickelt haben. Eine merkwürdige Zwischenwelt. Der Verstorbene prägt nicht mehr Ihr Leben, die Trauer hat einen überschaubaren Platz erhalten, was also mit dem neuen Freiraum beginnen?

Um herauszufinden, was für Sie passt, können Sie Coachings in Anspruch nehmen oder kreative Methoden ausprobieren. Was wollten Sie schon immer tun, hatten aber nicht die Zeit oder den Mut dazu? Irgendwo in der langen Trauerzeit liegt auch ein kleiner Schatz verborgen, den es nun zu heben gilt. Wer möchten Sie sein, wenn Sie nicht mehr vorrangig die Frau beziehungsweise Witwe von, die Mutter beziehungsweise die verwaiste Mutter von jemandem sind? Was tun Sie mit dem neu entstandenen Platz, der Ihnen von Monat zu Monat mehr zur Verfügung steht? Wäre es nicht wunderbar, diesen Raum bewusst und liebevoll zu füllen?

Auch dieser Prozess darf so viel Zeit einnehmen, wie er braucht. Er darf zaghaft und vorsichtig oder wild, ungestüm und mutig durchlaufen werden. Dabei dürfen Sie die Liebe zu Ihrem Verstorbenen und die Erinnerungen an ihn gerne mit auf die Reise nehmen.

Die folgende Traumreise kann Sie in diesem Prozess unterstützen.

Traumreise »Die Trauer tritt nun einen kleinen Schritt zurück«

Diese Traumreise können Sie sich auch anhören und sie steht Ihnen als Download zur Verfügung unter: http://www.herder.de/spezial/61368-schritt/

Du zählst langsam runter von 10 bis 0.

Du steigst eine Wendeltreppe zu einem Hochplateau hinauf. Öffne eine Gartentür zu deinem inneren Garten. Sieh dich um und betrachte die Pflanzen und Tiere, die darin wohnen. Gibt es vielleicht einen Brunnen oder einen See? Hörst du Vogelgezwitscher? Scheint die Sonne? Du bemerkst die dahinziehenden Wolken am Himmel und gibst dich vertrauensvoll dem Fluss des Lebens hin. Blätter tanzen im Wind und lösen in dir ein Wohlgefühl und Geborgenheit aus. Vergänglichkeit ist die Konstante, auf die du dich verlassen kannst. Dein Charakter ist nur ein Bewusstseinsstrom. Ein Gedanke nach dem anderen taucht auf und zieht weiter. Die Angst vor dem Unbekannten schaut dich an und du heißt sie herzlich Willkommen. Du umarmst sie wie einen alten Freund, denn sie hat dich dein Leben lang begleitet. Mit dieser Umarmung kommst du im Hier und Jetzt an.

Die ständige Veränderung beinhaltet auch deinen Tod und den von deinen geliebten Menschen. Frieden und Mitgefühl schwingen durch deine Seele.

Die Trauer tritt nun einen kleinen Schritt zurück, denn ihr anhaltender Schmerz macht dich bereit, deine Perspektive zu wechseln. Du traust dich, Dinge wahrzunehmen, die du bisher verdrängt hast. Dein

Herz wird weit. Deine Augen beginnen zu sehen. Tiefes Mitgefühl und Verständnis breiten sich aus.

Goldenes Licht beginnt von deinem Herzen aus zu strahlen. Es strahlt durch deinen ganzen Körper und umhüllt alle unsere geliebten Menschen – die Toten und die noch Lebenden. Egal was passiert, die liebevolle Verbindung bleibt bestehen. Deine strahlende Liebe dringt bis ins Jenseits und der liebevolle Segen deiner geliebten Verstorbenen kommt von ihnen zu dir zurück. Du verneigst dich vor ihnen. Du verabschiedest dich von ihnen für den Moment und kehrst zu deinem Garten zurück. Du öffnest das Gartentor und steigst die Wendeltreppe langsam und ganz erfüllt von der Begegnung mit deinen Lieben hinab.

Du zählst langsam wieder von 0 bis 10.

Affirmation

Nur für heute wende ich mich meiner bunten und erfüllten Zukunft zu und male sie mir in allen Farben des Regenbogens aus.

Hinweis

Weitergehende Informationen über mich und meine Arbeit finden Sie unter: www.trauerbegleiter.org. Dort können Sie ebenfalls kostenfrei meinen Begleitbrief zum Thema Krisen und Trauer abonnieren, der mehrmals im Jahr erscheint. Hier finden Sie zudem Informationen zu dem von mir entwickelten Trauertagebuch und wie Sie es beziehen können.

Anmerkungen

1 Kachler, Roland: Meine Trauer wird dich finden: Ein neuer Ansatz in der Trauerarbeit, Stuttgart 2005

2 Während ich diese Zeilen schreibe, wird gerade veröffentlicht, dass Depression zu einer Volkskrankheit geworden ist und jeder Fünfte einmal in seinem Leben daran erkrankt. Die Auswertung der Daten der Techniker Krankenkasse von 2013 sagt aus, dass rund fünf Prozent ihrer Mitglieder unter psychischen Erkrankungen und Störungen litt. Über ein Drittel der Betroffenen war depressiv. Die daraus resultierende Zahl der Fehltage bei psychischen Erkrankungen, insbesondere bei Depression, sind signifikant höher als bei anderen Krankschreibungen. Laut der TK-Erhebung sind die so entstandenen Fehlzeiten vom Jahr 2000 bis 2013 um 69 Prozent gestiegen. Für 2014 wird ein weiterer Anstieg verzeichnet.

3 Die CD »Erholsamer Schlaf« ist zu beziehen unter:
www.trauerbegleiter.org
Die im nächsten Abschnitt folgende Traumreise »Erholsamer Schlaf« ist in der CD enthalten.

4 http://www.zentrum-der-gesundheit.de/saure-und-basische-lebensmittel.html

5 http://www.zentrum-der-gesundheit.de/saure-und-basische-lebensmittel.html

6 http://www.trauerbegleiter.org/inhalt/trauertagebuch

7 http://schuessler-salze-liste.de/index.htm

8 Gruhl, Monika: Resilienz – die Strategie der Stehauf-Menschen. Freiburg 2014

9 Viktor E. Frankl: … trotzdem Ja zum Leben sagen. Ein Psychologe erlebt das Konzentrationslager. München 2009

10 Kachler, Roland: Meine Trauer wird dich finden. Freiburg 2005

11 Die CD »Begegnung im Park » ist zu beziehen unter:
www.trauerbegleiter.org

12 Laut Dr. Manfred Wolfersdorf, Ärztlicher Direktor des Bezirkskrankenhauses Bayreuth; auch Studien belegen diese hohe Zahl.

13 Kast, Verena: Trauern: Phasen und Chancen des psychischen Prozesses. Freiburg 2013